高速铁路提前介入指导手册

（电务专业）

中国铁路北京局集团有限公司 编

中国铁道出版社有限公司
CHINA RAILWAY PUBLISHING HOUSE CO., LTD.
北 京

内 容 简 介

本书为“高速铁路提前介入指导手册”系列教材中的电务专业指导手册，是根据相关规章制度，在总结归纳电务专业相关设计施工标准、运营维护经验教训的基础上编写而成。全书共六章，包括可行性研究阶段、初步设计阶段、施工图阶段、工程实施阶段、各阶段问题管理、介入工作总结。

本书可作为电务专业高速铁路提前介入人员的培训教材，亦可作为铁路介入管理人员和电务工作人员的参考书。

图书在版编目（CIP）数据

高速铁路提前介入指导手册. 电务专业 / 中国铁路北京局集团有限公司编. -- 北京 ：中国铁道出版社有限公司，2024. 11. -- ISBN 978-7-113-31625-9

Ⅰ. U282-62

中国国家版本馆 CIP 数据核字第 2024FS4342 号

书　　名： 高速铁路提前介入指导手册（电务专业）
GAOSU TIELU TIQIAN JIERU ZHIDAO SHOUCE（DIANWU ZHUANYE）

作　　者： 中国铁路北京局集团有限公司

责任编辑： 王　烁　　**编辑部电话：**（010）51873167

编辑助理： 李嘉圆

封面设计： 高博越

责任校对： 苗　丹

责任印制： 高春晓

出版发行： 中国铁道出版社有限公司（100054，北京市西城区右安门西街 8 号）

网　　址： https://www.tdpress.com

印　　刷： 河北宝昌佳彩印刷有限公司

版　　次： 2024 年 11 月第 1 版　2024 年 11 月第 1 次印刷

开　　本： 880 mm×1 230 mm　1/32　**印张：** 5.625　**字数：** 117 千

书　　号： ISBN 978-7-113-31625-9

定　　价： 28.00 元

高速铁路提前介入指导手册

（电务专业）

编　委　会

前言

中国铁路的发展历程，尤其是高铁技术的飞速进步，不仅是中国现代化进程中的一道亮丽风景线，更是中国综合国力飞跃的生动体现。近年来，我国高速铁路工程建设呈现增量快速、体量庞大、设计新颖、设备智能等特点，随着“建设为运营服务”理念日趋成熟和“建设运维一体化”管理逐渐完善，进一步提升全过程提前介入工作质量、强化源头质量管控能力迫在眉睫。

《高速铁路提前介入指导手册》作为北京局集团公司级提前介入工具书，结构清晰、内容丰富、通俗易懂、实用性强，突出问题导向，为北京局集团公司标准化、规范化开展提前介入管理和现场介入作业提供有力指导和保障。

《高速铁路提前介入指导手册》系列教材分为电务专业，工务专业，供电专业，机务、车辆专业，运输、调度专业，客运、信息专业，房建、经营开发专业，消防、环水保、环境安全专业共8种，是北京局集团公司多年提前介入管理成果的凝练，既可作为高速铁路提前介入人员的培训教材，亦可作为铁路介入管理人员和工程建设工作者的参考书。本套书根据相关规章制度，将相关设计施工标准、运营维护经验教训进行总结归纳，目的是为介入人员提供技术参考，强化介入人才队伍建设，提升介入人员审查工程设计方案、检查施工质量、推进问题整改的工作能力，通过高质量的提前介入工作，为建设项目高质量高标准开通运营保驾护航，实现“一册在手，重点不漏，标准统一，结果创优”的目标。

由于编者水平有限，手册中难免有遗漏和不妥之处，敬请批评指正。

编委会

2024 年 9 月

目录

第一章

可行性研究阶段

第一节 综　　述

可行性研究文件是项目决策的依据，是根据国家批准的铁路发展规划、区域发展规划或项目书，进行社会、经济和运量调查，综合考虑运输能力和运输质量，从技术、经济、环保、节能、土地利用等方面进行全面深入的论证，采用初测资料进行的基础性设计。

一、工作时间

可行性研究阶段的工作时间自设计院开展可行性研究起，至项目获得可行性研究批复为止。

二、工作目标

新线设计标准应符合新版技术规范标准，满足铁路局集团公司（以下简称集团公司）对新线运营维护要求，新线引入既有线应具有可操作性。信号、通信系统选择应符合新线工程需要及设计要求，各项推荐方案应有利于电务设备长期维护运营，枢纽地区设计安全可控；既有线扩容及接入方案应明确，更新改造范围应符合设备管理单位需求，工程预留考虑到位。机构设置、生产生活用房、定员定编、检修工器具配置等应符合集团公司最新要求。通过电务系统可行性研究阶段的提前介入，从源头提高设计质量，实现设计方案可靠先进、运营设施规范合理。

三、工作内容

可行性研究阶段确定铁路主要技术标准，稳定建设方案和主要技术设备的设计原则、重大施工过渡方案、枢纽引入方案、站场建址方案。

信号专业重点审查既有站接轨改造方案是否统筹考虑、车站设备是否纳入联锁的范围、区间闭塞方式的选择、电务设备类型是否统筹考虑、新设备制式是否与既有接轨站设备标准统一等。

通信专业重点审查既有站通信传输及接入、数字调度通信（以下简称数调）等系统改造方案是否按照全局规划方案考虑，车站传输及接入、数调、无线、会议、视频等系统的接入组网方式，接入集团公司的通信网图，其他相关专业的电路需求，各通信检监测系统是否统筹考虑，铁路通信网络安全技术要求等。

四、工作依据

1.《铁路建设项目预可行性研究、可行性研究和设计文件编

制办法》(TB 10504—2018)

2.《中国铁路总公司关于铁路局集团公司提前介入铁路建设项目管理工作的指导意见》(铁总办〔2017〕320号)

3.《中国铁路北京局集团有限公司提前介入铁路建设项目管理工作实施办法》(京铁办〔2022〕172号)

4. 国家、中国国家铁路集团有限公司（以下简称国铁集团)、集团公司有关规范、验收标准、运营维修标准

第二节 工作要求

电务专业提前介入工作组，由集团公司分管电务专业副总经理任组长，电务部和电务段、通信段负责人任副组长，电务部相关科室及电务段、通信段相关人员任组员，负责信号、通信专业提前介入工作的组织实施。可行性研究阶段主要工作职责是掌握设计标准、验收标准和维修标准。通过方案审查，深入研究主要方案，提出修改意见。

第三节 信号专业工作要点

一、重点设计内容确认

信号系统主要由列车调度指挥系统、列车运行控制系统（列控)、区间闭塞、联锁系统、信号集中监测系统、电源系统、综合防雷及接地系统及检、监测设备等组成。可行性研究阶段主要

针对信号系统、机构设置、生产生活配套设施进行审查、确认。

（一）方案比选原则

根据新线实际情况，可行性研究阶段对同一个设计内容会有较多比选的方案，审查人员应根据新线、新线与既有线情况，按以下原则进行方案比选。

1. 有利于设备安全运用。

2. 有利于后期运营维护。

3. 有利于施工阶段的实施。

4. 减少特殊逻辑、电路的设计。

5. 有利于远期扩展、更新改造的实施。

6. 方案对既有线改造的影响小。

7. 涉及新技术、新设备的方案具有实施先例。

（二）既有影响范围

反映新线与既有线关系，确定接入范围、方式。新调度台和既有调度台设置情况、接口设计、管辖划分。既有联锁、列控、调度集中系统（CTC）等系统与新线各系统的兼容问题，提前确定改造范围，提出过渡改造方案。

1. 新建铁路引入大型枢纽站原则上不采用 CTCS-3 级系统贯通方式。

2. 新建铁路接入既有运营线引起的新增车站、改建车站主要信号设备型号制式原则上与既有保持一致。

3. 两条及以上不同新建铁路分场接入同一车站，当两个站场呈外包形式且进路互通时，联锁、列控、CTC 等主要信号设备原则上只设置一套。

4. 高速、普速铁路以外包形式（进路不通）形成四线并行区段时，各CTC终端显示应与现场实际保持一致，即高速、普速铁路同时显示。

5. 需开行动车组的闭环电码化车站，应对闭环电码化进行改造。

6. 新线应新设无线闭塞中心（RBC）、临时限速服务器（TSRS），不得进行利旧改造，确保静态验收、动态验收期间不影响信号系统调试、验收。

7. 因运输指挥需要，新建站、场、线路所或既有改造站、场、线路所集中整合至一个运输指挥中心时，应采用CTC系统远程控制方案，严禁采用联锁远程控制方案，相应的通信、道岔融雪设备控制应同步考虑；远端CTC系统与本地端CTC系统采用光缆传输方式，光缆要先进入通信机房，纳入既有通信光缆传输网络。

（三）预留工程

主要审查本线和其他规划线路的相互关系，是否有可以结合同步实施的条件，减少工程建设期间的重复性工程，减少迁改、过渡方案。

关注设计预留工程的范围，室内硬件、系统软件应一次成型，室外过轨、综合管沟一步到位，其他室外信号设备与室外线路、桥涵等工程同步。

同步实施的信号工程，尤其是代建项目，除信号主体工程外，相关房建、暖通、综合接地等系统工程也需同步实施。

（四）附图审查

可行性研究阶段需要附图审查的内容主要包括：设计区段信号设备总布置示意图、接轨站既有信号设备略图及改建方案（有接轨站时根据需要附带）、改建区段既有信号设备布置示意图(有改建车站时根据需要附带)。

二、其他

对可行性研究说明书提供的内容进行审查确认，提出意见。可行性研究阶段若未包含的内容可在下一步初步设计阶段提出意见。

考虑后期高速铁路运营维护需要和施工影响，枢纽地区应为后期其他线路接入预留条件，相关工程同步考虑。相关配套市政工程与高速铁路建设同步实施。

第四节　通信专业工作要点

根据可行性研究设计说明书，电务部组织机构按概述、站前设计情况、通信设计情况、供电情况、相关工程设计范围及设计原则、通信设备防护措施等方面逐一进行审核确认，确保通信设计项目齐全、安全可靠。重点对可行性研究设计说明书内的比选方案、特殊设计、枢纽地区设计方案、既有线引入设计方案等提出意见，其他设计内容可根据实际情况提出意见。

一、重点设计内容确认

通信系统主要由传输及接入系统、电话交换系统、数据通信系统、调度通信系统、移动通信系统、会议电视系统、应急通信系统、时钟同步及时间分配系统、通信综合网管系统、综合视频监控系统、综合布线系统、电源及环境监控系统、通信电源、综合防雷及接地系统和通信线路等组成。审查确认可行性研究设计文件与新颁技术规范标准一致，设计项目齐全。

（一）既有影响范围

说明新线与既有线关系，确定接入范围、方式。重点审核铁路枢纽，多线并行，高速、普速铁路结合等特殊站场，区域的通信设计方案，避免标准不兼容。重点考虑铁路基建工程新建通信系统的前瞻性，关注涉及既有线、设备和网管系统的可兼容性，避免出现无法满足接入既有系统的情况。重点审核铁路枢纽、多线并线或交汇等特殊区域 GSM-R 网络规划、网络优化方案，避免新建无线网对既有网络影响。考虑新建铁路与既有铁路通信系统互联互通和迂回保护方案，尤其是新线存在断头站时各系统业务是否具备双路由保护，确保通信网络安全可靠。

（二）线路平、纵断面

根据沿线地质地貌及坡度信息，确认通信光电缆防护方案，区间基站、直放站、铁塔选址，计算站外平均坡道等。避免在低洼、泄洪区、容易发生塌方以及地方电力铁塔附近等不适宜地点内选择站场、基站、直放站、铁塔的选址建设，基站和铁塔应同院落设置。

（三）预留工程

主要审查本线和其他规划线路的相互关系，是否有可以结合同步实施的条件，减少工程建设期间的重复性工程，减少迁改、过渡方案。关注设计预留工程的范围，原则上室内一次成型，室外过轨、综合管沟一步到位，其他室外通信设备与室外线路、桥涵等工程同步。通过铁路基建通信工程完善既有通信系统，充分考虑项目实施周期内既有环境、设备可能发生的变化。

（四）新建铁路通信系统接入核心节点

应充分考虑既有通信系统核心节点和管理平台的接入能力。

（五）附图审查

可行性研究阶段附图审查的内容主要包括：设计区段通信网图、改建区段既有通信设备布置示意图（有改建车站时根据需要附带）。

二、其他

以下内容根据可行性研究说明书提供的内容进行审查确认，提出意见。可行性研究阶段若未包含的内容可在下一步初步设计阶段提出意见。

（一）路外通信及其他设施概况

1. 对于与铁路平行接近的有线通信线路需计算是否符合危险及干扰影响防护标准。

2. 是否存在与铁路接近的地震台、调幅广播收音台、电视转播、差转台台站、航空无线电通信台站、雷达站等无线台站。

3. 与既有线并行或交叉区段是否存在邻线信息干扰问题。

（二）供电要求

审查设计的机房设备、维护点［包括维修工区、动车段（所）内］的用电量及用电负荷等级是否符合新建和既有通信设备设施要求，并满足30%预留。

（三）房屋、暖通要求

对设计的设备用房和维护用房的总面积要求、建筑物防雷接地要求、电缆引入要求、站台电缆槽要求、房屋设置空调要求及对空调用电的要求、房屋设置照明要求及对照明用电的要求、房屋设置灭火设备要求等进行审查。

（四）维护工区设备、房屋及定员要求

对设计的维护部门设置及具体的设置地点、定员和房屋要求，维护部门配置的仪表、工器具要求及对荷载的特殊要求等进行审查。

（五）通信设备房屋的用地要求

审查通信设备用房地点、面积要求，房屋用地的防洪、防震及道路要求是否合理。

（六）通信光电缆槽对相关专业要求

提出路基、桥梁、隧道及站台区域通信光电缆槽要求，通信光电缆上桥不设置爬架要求。

（七）综合接地对相关专业要求

提出设置综合接地最新要求。

（八）通信光信号电缆过轨防护的预留预埋要求

根据线路等级及通信线缆数量提出车站、区间通信过轨钢管预留数量要求。区间机房及车站机房处所两侧具备两处垂直轨道过轨，过轨管应满足 6 孔、直径 100 mm 要求。区间直放站满足设备处所两侧具备两处垂直轨道过轨，过轨管应满足 2 孔、直径 100 mm 要求。

（九）调度区划分及所属调度所

根据设计区段调度区划分关系，审查数调系统的工程设计方案是否合理。

（十）大、中桥表及桥线分界里程

根据工程线路、桥梁、隧道的布置情况，审查通信基站和直放站设置方案、区间漏缆长度及安装方式、光电缆防护量是否合理。

（十一）小桥涵表、渡槽及公路桥表

根据工程桥梁的布置情况，审查确定光电缆防护量是否合适。

（十二）一般气象资料

根据沿线主要气象特点，审查通信设备器材选择、通信防护措施是否合理无影响。

（十三）隧道表及隧线分界里程

根据工程隧道的布置情况，审查确定通信基站和直放站设置方案、区间漏缆长度及安装方式、应急电话安装方式、光电缆和漏缆防护量是否符合实际。

（十四）大型车站及段、所地质资料

根据车站及段、所主要地质情况，审查通信光电缆防护方案是否合理。

（十五）维修机构的设置方案及管辖范围

根据维修机构分布情况，审查监测系统和工具、仪表、备品备件的设计方案是否合理。

（十六）信号楼（室）**、站房设置通信机械室的面积**

审查信号楼（室）、站房中通信机械室、电池室、引入间的面积，统筹考虑通信房屋的总面积（包含后续新建铁路共站机房及设备大修更改倒替机房的面积需求）。

（十七）各站供电及电源情况

根据电力能提供的电源能力及接引方式，确认通信电源是否符合要求。

（十八）定员表、房屋面积表

根据定员表、房屋面积表，确认通信提交的定员、机构设置等内容是否符合要求。

第二章

初步设计阶段

第一节　综　　述

初步设计是根据批准的可行性研究报告和设计基础资料，对项目进行深入的研究，并对项目建设内容进行具体设计。初步设计文件是项目建设进行施工准备的主要依据。在可行性研究阶段后，设计单位提供正式的信号、通信初步设计前，电务部需配合设计单位确定信号、通信技术方案，明确主要信号、通信设备选型，还要组织相关电务段、通信段配合调查了解既有线路信号、通信设备配置情况，做好与既有线结合的方案设计；要特别关注由于相关专业迁改造成的信号、通信方案或投资变化情况，既有设备扩容需求、接口与联网方案、调度区域调整、信号附属设备移设。同时也需要组织电务段配合设计单位了解既有引入的线路道砟、轨枕、绝缘节设置情况，有无轨距杆、接触网挂网情况，牵引回流、分相区设置等，以便设计人员给相关设计专业提供关于接地、回流、信号设备过渡、特殊轨枕、胶接绝缘的要求。

一、工作时间

初步设计阶段介入时间自设计院开展初步设计起，至项目获得初步设计批复为止。

二、工作目标

电务系统参与初步设计阶段的提前介入，核对设计原则、设计方案、工程数量、主要设备和材料数量、拆迁数量、概算，满足施工准备及主要设备采购的需要。新线设计标准符合新版技术规范标准，更加贴合集团公司对新线运营维护要求，新线引入既有线方案更加具体化。机构设置、生产生活用房、定员定编、检修工器具配置等进一步符合集团公司最新要求。

三、工作内容

提前与国铁集团、勘察设计单位对接沟通，参加初步设计等前期方案审查，确定各项工程设计原则，落实设计方案和工程措施，确定施工安全风险防范措施。及时反馈运营方的意见，督促并配合勘察设计单位完善设计方案、提高设计质量，促进项目建设与运营紧密衔接，满足运输生产和设备运行维护等需求。

（一）信号专业重点审查

1. 调度区划分及与邻局设备划界是否合理，联锁、列控、CTC、RBC、TSRS 等设置和等级切换点设置是否合理。

2. 接轨站联锁设备、区间闭塞改造范围、改造方案是否统筹考虑。

3. 新设车站的联锁、列控电缆、轨道电路、信号机、道岔、CTC、信号集中监测、区间闭塞等设备制式是否符合现行标准，与既有接轨车站的设备标准是否统一。

4. 维修机构设置、生产力布局及房屋配置是否合理。

5. 特殊地段如桥梁、隧道等，信号机、中继站等设备布置是否合理。

（二）通信专业重点审查

1. 既有站通信传输及接入等系统改造方案是否统筹考虑，新设传输接入设备的组网方式是否优化合理。

2. 车站数调设备的接入组网方式，无线系统等接入方案；新设 CTC、电力远动等系统的组网方案及电路需求；与既有站通信传输、数调等设备标准是否与既有设备兼容。

3. 通信房建工程是否满足生产生活需求。

4. 特殊地段如桥梁、隧道等通信直放站、基站收发台（BTS）、通信无线杆塔等设备安装是否合理。

四、工作依据

1.《铁路建设项目预可行性研究、可行性研究和设计文件编制办法》（TB 10504—2018）

2.《中国铁路总公司关于铁路局集团公司提前介入铁路建设项目管理工作的指导意见》（铁总办〔2017〕320 号）

3.《中国铁路北京局集团有限公司提前介入铁路建设项目管

理工作实施办法》（京铁办〔2022〕172号）

4.《高速铁路设计规范》（TB 10621—2014）

5.《铁路信号设计规范》（TB 10007—2017）

6.《铁路通信设计规范》（TB 10006—2016）

7. 国家、国铁集团、集团公司有关规范、验收标准、运营维修标准

8. 项目可行性研究批复文件

第二节　工 作 要 求

一、组织机构

电务专业提前介入工作组，由集团公司电务专业分管副总经理任组长，电务部和电务段（通信段）负责人、建设项目管理单位分管负责人任副组长，电务部相关科室及电务段（通信段）、建设项目管理单位相关人员任组员；负责电务专业提前介入工作的组织实施，初步设计阶段主要工作职责是掌握设计标准、验收标准和维修标准。通过方案审查，确定电务专业主要设计内容是否符合维修规则及现场实际，并结合养护维修存在的问题，提出修改意见。

二、工作流程

初步设计预审由集团公司计划统计部组织，电务部及相关站段人员参加。审查完成后，形成结论后提交计划统计部，统一反

馈给相关单位。具体流程如图 2-1 所示。

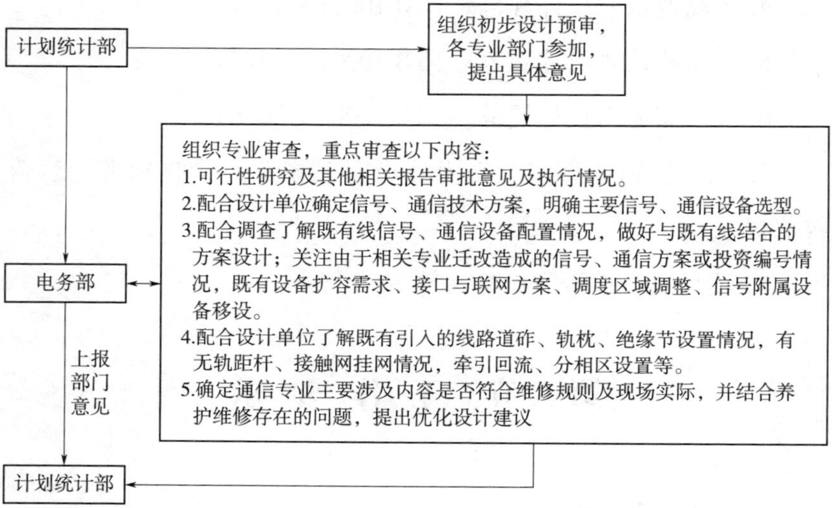

图 2-1　初步设计预审流程

第三节　信号专业工作要点

设计单位确定信号初步设计后，信号专业按概述、站前工程设计情况、电力及电力牵引情况、信号设备设计、相关工程设计范围及设计原则、信号设备防护措施、机构设置、管辖范围和定员、信号迁改、施工安全措施意见、附图、概算编制、其他需要说明的问题等方面逐一按以下项点进行审查确认，提出意见。

一、重点设计内容确认

（一）轨道电路制式及极限长度

主要提出区间轨道电路制式、最短轨道电路长度。分路基、桥梁、隧道、有砟、无砟地段提出不同路质地段轨道电路最长长度，闭塞分区长度与轨道电路极限长度相对应。

1. 与动车进路衔接的区段、维修线应采用高压脉冲轨道电路等措施进行分路不良整治。

2. 区间自动闭塞区段与既有线衔接的车站应同步实施区间列车占用逻辑检查功能。

3. 站内与区间的轨道电路制式原则上要保持一致。正线同一集中区内轨道电路制式原则上应一致；三线、四线并行区段应采用设置分割、调整载频等可靠的防干扰措施。

（二）信号机机构类型及设置要求

1. 审查信号采用的信号机机柱高矮形式（高速铁路、城际铁路宜采用矮型信号机）、机构个数、表示器个数，并说明信号机的安装尺寸要求（尤其是250 km/h以上线路安装的衔接要求、高柱信号机安装对线间距的要求），站场专业线间距、接触网专业导线位置、吸上线、等电位连接线设置是否合理。

2. 区间不设通过信号机的线路，车站信号机应采用矮型信号机。在下列处所可采用矮型信号机：不办理通过列车的到发线上的出站、发车进路信号机；道岔区段内的调车信号机；桥梁、隧道内的通过信号机。

3. 区间设通过信号机的线路、以地面信号为列车行车凭证的线路应采用高柱信号机；在桥梁、隧道内应采用矮型通过信号机；以车载信号为列车行车凭证的线路应采用矮型信号机。

4. 信号机按规定地点安装，符合相关限界要求；信号专业设计必须与牵引供电专业设计共同确认分相区设置位置与信号机位置间距离关系。高柱信号机安装须满足安全距离的要求。

5. 区间信号标志及号码牌、预告标志牌、级间转换标志牌、中继站标志牌，原则上安装在接触网支柱上，不满足标准时，安装在增设的镀锌金属柱子或防撞墙上；在隧道内可安装在防撞墙上或隧道壁上，并应有补强措施。高速铁路、城际铁路及有关联络线区间信号标志牌、接近预告标志牌、中继站标志牌和级间转换标志牌粘贴在接触网立柱上，迎向列车运行方向；调谐区标志牌粘贴在轨旁信号箱盒上，迎向列车运行方向。

（三）**信号生产房屋面积及布置要求**

通信、信号、信息机房内设备的运营维护由通信、信号、信息专业分别负责，在安全管理、设备管理、作业管理等方面的差异性较大。通信、信号、信息机房空间必须有安全可靠的隔断，必要时将机房位置调整，便于设置各专业独立的出入通道和通道门，同时优化设置电灯、控制开关、电力配电箱、空调、消防设备等配套设施，为各专业设备独立管理提供条件，以保障设备运用安全和维护管理的需要。

充分考虑倒替机房预留、后期站改增加设备面积预留、消防区域划分、用水设施及管道设置等。

1. 不设信号工区的车站应配套信号值班间、备品间、材料间、油料间，配置相应卫生间、自来水、照明等基础生活设施。设信号工区的车站根据车站的规模应配套相应办公及生活用房。中继站预留应急值守房屋，不与其他专业机房共用。

2. 信号机械室应采用独立信号楼方式，预留信号大修倒替层，不采用综合站房设置信号机械室的方式。电源屏室、电缆间、防雷分线柜间应独立设置。防雷分线柜间与信号机房设置防火门。

3. 信号机械室采用机房专用空调并预留安装位置，空调电源容量、配线、空开需满足需求，且设置满足空调质量、运用稳定、颜色为 PANTONE 428C 的底托。

4. 信号机械室设计时，预留径路最短且足够大的电缆引入口。信号机械室及中继站的下走缆采用爬架式布线。

5. 信号机房应符合消防要求，设置气体灭火装置（七氟丙烷），消防设施控制盘设置位置应征求设施管理单位意见，需充分考虑后期机房作业关闭消防设施操作的合理性。通信、信号合设机房需考虑后期隔断需求，分区域分别设置气体灭火装置及消防控制盘。消防控制盘应设在门口外。

6. 信号设备各房间应具备电源及设备房屋环境监控功能。

7. 信号楼和中继站设置独立的电缆间，电缆间大小满足入楼电缆余量要求。

8. 信号机房不应设置在地面以下最底层。信号机房顶部上方不得设置卫生间、洗手间、茶水炉，且房顶不得预埋水管、水箱。

9. 信号机房内不应设置给排水设备及管道，机房设置在底层时底部不应设置水管和空调出水管。

（四）中继站（高架站）**对桥梁的要求**

信号控制电缆均由室内引出，信号房屋与现场电缆槽间需要有电缆通路，如果车站设于桥上或桥下，需要对信号电缆通路进行预留。一般中继站在房屋附近的桥梁墩上预留电缆爬架滑道、桥面电缆槽部分预留锯齿孔，爬架滑道内设置 50 mm×50 mm×50 mm×5 mm 镀锌槽钢横梁用以固定电缆，横梁间距根据电缆根数合理布置、满足强度需求，防止电缆拉伸、损伤。车站位于桥上时需要合理规划电缆敷设路径，预先考虑靠在某些桥墩和桥面上预留电缆排架滑道及锯齿孔。电力电缆与通信信号电缆分桥墩设置，桥墩 5 m 范围内地面水泥浇筑。

（五）股道长度、站台设置要求

列控系统有安全防护距离的要求，提出信号列控等级对站台、股道［包括动车段（所）股道］长度的要求。

1. 股道应采用双端发码，或采取必要的分割措施。

2. 分割后的股道长度应满足设计速度的要求。

3. 站台居中设置，出站应答器应靠近站台端设置，尽可能远离前方警冲标，有效对列车实施过走防护。

（六）信号电缆槽要求

提出路基、桥梁、隧道及站台区域信号电缆槽要求，提出电缆沙袋防护需求。

1. 新型 T 梁桥电缆槽应选通桥图（2017）2101-Ⅰ电缆水泥槽道。旧型 T 梁桥电缆槽在上跨公路、铁路及有声屏障处电缆槽必须内挂。电缆槽应采用 SMC 材质，槽内设贯通地线的应带隔离小槽并水泥砂浆包封。

贯通地线支线引接线及接地端子必须与光电缆进行物理隔离，接地端子戴防护帽。

2. 站台电缆敷设区域宜设置综合管廊（高 1.4 m，宽 1.2 m）。

3. 明确电缆手孔井的分工。电力手孔井，通信信号电缆直通并加装物理隔离；通信信号手孔井，电力电缆直通并加装物理隔离；电缆手孔井应有排水措施，过轨孔设置不宜过低。

4. 在路基地段、与既有线连接的电缆径路必须位于栅栏网内，贯通地线按照规定敷设于电缆槽下方。

5. 明确电缆槽内采用砂袋防护电缆的处所，桥梁伸缩缝处加装电缆槽，材质满足电缆防护、防火要求。

6. 电缆穿行底部中空站台时，需设计专用电缆走行架，同时需设计贯通站台两端的电缆专用检查、施工通道。

7. 股道分割设分支电缆槽。

8. 站内设计有道岔融雪装置时，从道岔融雪装置电气控制柜到隔离变压器间电缆敷设应设置专用电缆槽。条件不具备时可在信号电缆槽内加砖砌体隔离出专用槽道。

9. 电缆上下桥槽道信号电缆与综合贯通地线应分开设置。

10. 无砟、高架桥地段，电缆过轨管设置不得低于垫层表面，应具备良好的排水措施，不得积水、存水。

（七）综合接地要求

1. 综合接地结合相关专业统筹考虑，要求对照综合接地定型图进行设计，合理设置预留测试端子位置。

2. 室内设备接地包括电源引入防雷接地、传输通道防雷接地、电缆屏蔽接地、设备机柜等电位接地四类接地，就近接入房建预留的相应接地端子，且不得构成回路。

3. 各类隐蔽接地工程均以录像、照片的形式提供给设备管理单位保存。

4. 电源引入防雷接地、传输通道防雷接地、电缆屏蔽接地、设备机柜等电位接地线线径、接地端子符合要求，不得混接，各接地端子应设置用途铭牌。

5. 电缆间的金属支架应可靠接地。

（八）过轨防护的预留预埋要求

根据线路等级提出车站、区间信号过轨钢管预留数量要求，要求信号设计与站前设计充分对接，一体化设计，站前设计要充分考虑信号电缆过轨预留。无砟区段宜设计预留 V 形槽，间距不超 500 mm，防止各类过轨线翘起或被冰块砸伤。

车站、区间信号过轨钢管预留数量要满足大修及改造需要。

二、其他设计内容确认

以下内容根据初步设计提供的内容进行审查确认，提出意见。可行性研究阶段若未包含的，可在初步设计阶段提出意见。可行性研究阶段提出未采纳的，可继续提出意见，与设计进行沟通确认。

（一）电容、电气绝缘轨枕设置原则及数量

1. 有大型养路机械化施工作业的有砟线路，在设置电容、调谐单元（BA）、空芯线圈（SVA）处需设置特殊轨枕对设备或缆线进行防护。确认设计分正线（车站正线及区间）、站线（车站除正线外）两部分给出电容、电气绝缘节轨枕设置的原则和数量是否符合使用需求。

2. 补偿电容安装编号、容量牌，按列车运行方向顺序编号。补偿电容间隔应根据设计图进行布点，补偿电容不得安装在无砟轨道两块轨道板的接缝处。有砟区段应在安装电容前，提前确认已设置电容枕。

3. 区间补偿电容应采用双头双线电容，连接方式宜采用栓接，连接线应采用钢丝编织胶管进行防护。

（二）护轮轨设置要求

T梁上一般在两根钢轨中间铺设护轮轨，为避免该钢轨对轨道电路传输特性产生影响，需要按照标准设置绝缘。对于CTCS-2级及以上列控等级线路，在钢轨中央需安装应答器，安装应答器区域要求四周无金属，因此需要对护轮轨进行切割。需对护轮轨绝缘设置、护轮轨切割提出要求，护轮轨范围和计列的费用符合使用需求。

（三）转辙机安装限界对桥隧的要求

转辙机安装尺寸往往侵入常规的桥梁防撞墙（挡砟墙）、桥隧电缆槽的区域。安装转辙机的位置及安装尺寸，在这些区域内桥梁防撞墙（挡砟墙）、桥隧电缆槽进行特殊设计避开安装区域。

（四）信号电源要求

1. 信号设备用电要求从电力部门的变压器直接到信号用防雷开关箱，中间不得设中间转接配电箱。信号防雷开关箱、信号集中监测系统电源监测箱为外挂式安装。信号防雷开关箱进出线方式为上进下出。

2. 从电力部门引入信号机械室的电缆，要求在电力部门侧的电缆钢带或保护钢管接地。

3. 电力容量须满足信号电源使用需求，设计须明确信号电源开关箱断路器及电力提供信号电源断路器的容量。

4. 远程终端的电源原则上从远端引入，近端电源屏施工不得影响远程终端的正常使用。远端与近端同线别、同天窗时段的，远程终端的电源可考虑由近端电源供电。每个站场的远端设备必须由互为热备的独立模块供电。

为便于维护和故障处理，减少对运输干扰，按站场、线别分别提供电源。

5. 智能电源屏对计算机联锁、列控［含列控中心（TCC）、RBC、TSRS］、信号安全数据网交换机、CTC、信号集中监测等系统及道岔表示电源、轨道电路电源等设备应独立供电，并采用冗余供电方式，不得共用模块。

6. 设计须根据实际信号设备容量明确智能电源屏输入、输出配置。

（五）区间扼流变压器设置原则

扼流变压器应加装防盗装置。扼流变压器中心连接板与引接线处安装绝缘卡。

（六）调度区划分及所属调度所

调度台的设置，设计应与集团公司沟通。

（七）监测设置方案

纳入信号集中监测的主要设备有：智能电源屏，道岔视频缺口监测，蓄电池在线均衡监测，信号安全数据网网管监控图，联锁、列控机柜内独立电源（具备开关量监测条件的），集中式UPS模拟量、开关量，列控系统逻辑检查功能状态（开启和关闭），区间监测，地震监测，电源及设备房屋环境监控，备用电缆（含贯通）对地绝缘测试等。以上监测终端需同步考虑高速铁路联合调度室建设。

信号集中监测应接入集团公司中心服务器；信号集中监测终端应接至信号工区和值班点、所属车间、专业车间和专业工区、段调度指挥中心；电源及设备房屋环境监控应接至现场车间、段调度指挥中心；信号安全数据网网管终端应接至段调度指挥中心、专业车间和专业工区；CTC 终端应接至段调度指挥中心；综合视频、列控车载动态监测及传输系统（DMS）、车载设备管理信息系统应接至段调度指挥中心、专业车间和专业工区。

信号集中监测应考虑扩容杀毒、时钟同步服务器的节点数量，应设置智能分析平台，及时将设备异常信息通过声光进行报警。

第四节　通信专业工作要点

设计单位确定通信初步设计后，通信专业按概述、站前工程设计情况、电力及电力牵引情况、通信设备设计相关工程设计范围及设计原则、通信设备防护措施、机构设置、管辖范围和定员、通信迁改、安全施工意见、附图、概算编制、其他需要说明的问题等方面逐一按以下项点进行审查确认，提出意见。

一、重点设计内容确认

高速铁路通信应为运输生产和经营管理提供稳定、可靠、畅通的语音、数据和图像通信业务。高速铁路通信设计应符合铁路通信网规划要求，应符合可靠性、可用性、可维护性、安全性的要求，并预留发展条件。

（一）既有设备设施

1. 调查新建铁路所在地涉及的既有通信设备设施情况，包括涉及机房、设备、线路、电源及通道资源等是否满足新建通信系统接入需求。重点关注既有机房利旧使用时，是否具备设备安装条件，包括机房空间、电源容量接口、通道资源冗余、设备扩容条件、综合防雷接地、光电缆引入等关键因素，同时考虑消防、暖通、照明等因素。

2. 新建铁路通信系统接入既有系统时，应充分考虑既有设备扩容需求，利用既有系统与新建系统构建保护通道；利用既有线光电缆与新建光电缆构建双路由保护，应首先考虑满足既有系统应用后，再考虑与新建光电缆组网优化。

相关项目调查清楚后，由设计人员在新建铁路设计时充分考虑，对不满足需求的既有通信系统进行升级改造。

3. 新建铁路通信系统入网时，应充分考虑既有通信系统和管理平台的接入能力。对相应系统设备、网管及检、监测系统进行扩容，当不满足扩容条件时，应考虑新设。

（二）通信线路

1. 同径路或同槽道敷设 2 条及以上光电缆（包括信号光缆）时，应在外护套上采用不同颜色彩条标识并使用凹印方式注明规格型号、线路名称、用途。

2. 光缆接头盒应在槽道内固定；每条光缆的接头盒应按照站间上行至下行方向顺序统一编号，标记公里标、上下行、区间、接头号；接头盒附近应做明显标记，高架桥上使用反光漆将接头盒标记喷涂在防撞墙上；竣工资料中应包含光缆接头盒的全球定位系统（GPS）定位信息、距上行接触网杆号及距离等信息。

3. 光缆在桥梁接缝处应安装长度不小于 500 mm 的 SMC 防火阻燃材料槽道（带盖），并单侧固定于桥体；相关线缆应穿套与缆线线径相适应的高压夹布橡胶管，胶管长度应从保护点（桥梁接缝中间位置）向两端各伸出不小于 1 000 mm。

4. 严禁通信光电缆与电力电缆同沟同槽敷设，光、电缆引入井内时电力、通信光电缆之间应进行防火隔离。

5. 光缆自高架桥引下时，应采用钢槽防护，地面以上 2.5 m 部分应采用水泥包封，喷涂通信光缆标识；光缆从干线槽道引接至通信机房，应采取双径路、PE 管或钢管防护敷设方式，径路间距不小于 3 m 并分别埋设标桩和警示牌。

6. 光缆应通过通信引入间进入机房，并进行防火封堵；引入间内应安装光缆盘留架，光缆必须加装绝缘节，固定在托架上并做好接地；引入间内光缆应加挂光缆标牌；光电缆引入机房时应加装冷封胶，并使用热缩管塑封。

7. 光电缆引入机房后在成端配线架处，固定加强芯弯钩和接地装置应单独接引防雷地线，并与配线架机柜做绝缘处理。

8. 车站综合布线槽、综合管沟内通信光电缆在径路变化时应设置标识，检查口、电缆井内通信光电缆设置防水标识；通信管道穿越铁路、河道时，应在两侧设置人（手）孔；人（手）孔位置不应设置在建筑或单位的门口、低洼积水地段。

9. 车站机房及区间机房光电缆径路上不适宜埋设标桩和警示牌的区域，需沿光缆径路增加地标明示径路位置。

（三）通信设备

1. 为满足网管监控、现场维护、备件支持、应急处置要求，本线工程同类型、同技术要求的设备均应采用同一厂家、同型号设备。

2. 铁路数字移动通信系统（GSM-R）、CTC、有线调度通信、客票、旅服等与行车直接相关的重要业务至调度所、GSM-R 核心网机房、客票中心等重要节点的通信通道均应由不同径路、不同设备分担承载。

3. 各系统设备主控板、电源板、时钟交叉板等核心板件应冗余热备份，业务接口板应 $N+1$ 配置。各系统业务接口板光模块应满配；全部业务接口均应在配线架上成端；业务接口数量应按不少于 50% 预留。

4. 传输、无线、视频监控等各系统设备命名以及竣工资料的线路公里标均应采用运营公里标。

5. 综合接入设备（含交换机等）应实现配置管理、告警管理、性能管理、历史记录查询等网管功能。

6. 综合视频监控系统应采用云存储等主流存储技术；宜采用云平台架构；应具备视频图像质量诊断功能；应设置网络安全防护系统，实现网络通信、网络边界、用户访问、应用和数据安全防护等功能。

7. 数据通信网应具备入侵检查、入侵防御、流量监测、业务质量智能分析等网络安全防护及监测功能。

8. 接入网应采用 GPON 技术。

9. 室内应采用成品防鼠铠装光纤跳线。

10. 多个基站同站址设置时，各基站配套传输设备应独立设置，电源设备应双套设置且单套电源设备容量应满足整个机房设备用电负荷并预留 30% 容量。

11. 通信电源设置应遵照以下要求：

（1）交流引入电源。通信机房（含直放站机房）应具备由供电专业直接接引的双路供电引入条件，设备用电、照明空调用电应分别设置交流引入配电箱，并嵌入墙体安装。配电箱内在外电引入端子处设置空开，并需预留接发电机的端子；照明空调配电箱应具备自动和手动双路切换功能，备用 220 V、32 A 空开不得少于 2 个。铁路自然灾害及异物侵限监测系统（以下简称灾害监测系统）设备与通信设备共用机房时，灾害监测系统设备宜采用单独的配电回路，并在通信机房内设置独立的配电箱且纳入电源及设备房屋环境监控系统。

（2）通信设备交、直流供电系统设置。铁路通信枢纽、通信网管中心、GSM-R 网络核心节点等一类通信机房通信电源，交流供电系统应采用独立双总线 UPS 供电或并联冗余 UPS 供电工作模式，宜采用 STS 装置为重要的单电源通信设备供电；直流供电系统应采用直流双系统供电工作模式。

（3）通信机房内蓄电池架排列平整稳固，电池架安装位置应与墙间隔不小于 600 mm，电池多层双排摆放，电池上层底部与下层顶部间距不小于 200 mm。

12. 通信机房内设备机柜与墙间隔应不小于 900 mm，设备机柜前后间隔应不小于 900 mm。

13. 铁塔及天馈线设置应遵照以下要求：

（1）塔身 6 m 以下应加装防盗螺栓。

（2）对单管塔周围 800 mm 圆形、四柱型铁塔塔靴外延 1 000 mm 矩形范围内地面应进行硬化，并做散水处理。采用混凝土硬化时，厚度不小于 100 mm，内高外低，坡度不小于 5%。

（3）GSM-R 系统天线功分器应设置在通信机房内。

（4）馈线走线架应采用热镀锌的 50 mm×5 mm 角钢，并接入铁塔保护地线；走线架在机房侧应略高于铁塔侧。

（5）避雷器应设置于室外，保护地线应独立引接到室外地线箱，室外地线箱的母地线接入院落水平接地网。

（6）采用走线架引入，馈线应通过馈线密封窗导入室内；馈线离塔长度在 10 m 以内时，需在馈线离塔及机房入口处外侧 2 处将馈线外导体就近接地；馈线离塔长度在 10~60 m 时，需在馈线离塔处、馈线中部及机房入口处外侧 3 处将馈线外导体就近接地；馈线离塔长度超过 60 m 时，每增加 20 m，应增加一处馈线外导体接地防护。

（7）馈线进入机房前应有避水弯。馈线拐弯应圆滑均匀，弯曲半径不小于馈线外径的 20 倍（软馈线的弯曲半径不小于其外径的 10 倍），避水弯最低处应低于馈线窗下沿不小于 50 mm。

（8）隧道口及隧道间漏缆敷设原则：隧道内漏缆敷设应延伸至隧道口（含隧道延伸的明洞等），并向外延伸 10 m；两隧道口（如有隧道延伸的明洞，以明洞口为准）间距不超过 250 m，应采用漏缆贯通覆盖方式覆盖该区段；如相邻隧道内有漏缆监测装置，应将该区段漏缆纳入监测范围。隧道外漏缆应采用全不锈钢材质吊具。隧道内公网洞室设备走线采用爬架方式，并用钢扎带绑扎固定。

14. 车间管控分中心网管终端设置应符合如下要求：

（1）新建传输、数据网、GSM-R 等系统在车间管控工区新设复示终端（只具备查询功能，不具备配置修改功能），接入车间综合网管终端。

（2）新建接入网、电源及环境监控、综合视频监控、直放站、铁塔监测、漏缆监测等系统如与所在车间既有设备为同厂家，应纳入既有网管终端，如属不同厂家，应新设网管终端。

（3）综合视频监控、直放站、铁塔监测等系统应在网管中心设置复示终端；其中，高速铁路、客运专线线路的传输、直放站应同时在 G 网车间设置复示终端；建设集团公司电源及设备房屋环境监控综合分析平台，新建线路电源及设备房屋环境监控系统纳入平台管理，实现对本线监控异常数据及告警等信息的综合分析。

15. 按基站频率资源配置的原则，应充分调研本线，兼顾交越、并线区段相关线路的运输生产需求，按以下优先保障业务顺序原则合理规划、配置基站频率资源：列控、重载业务，车机联控，调度命令、进路预告、无线车次号信息传送，其他语音业务，其他分组域业务。宜采用单载频配置方案，解决优化交越、并线区段频率资源紧张、网内干扰严重问题。

16. 分布式基站 RRU 设置原则。设计运营时速 300 km 及以上的高速铁路，RRU 间距应小于 1. 5 km；RRU 与 BBU 之间的主备冗余通道应采用异径路光缆通道，宜采用环形组网并考虑双 RRU 设备频点及认证许可等相关内容。

（四）网管要求

1. 网管服务器：网管服务器配置应根据不同网管类型纳入相应既有传输、数据网、专业网管云系统中，新增网管云计算资源配置不低于既有计算资源配置，所带客户端、北向接口应有2个以上的预留。网管服务器TPC处理能力、硬件配置应不超过所承载网管软件50%运行能力。网管服务器（终端）各类软件应安装正版，采用双电源、双接入、三网卡、刀片式服务器。

2. 客户端：网管客户端配置应纳入桌面云系统中。新增桌面云、桌面终端配置不低于既有配置。

3. 显示器：规格应统一，应设置液晶显示器，内置音箱，显示比例4∶3正屏，具备HDMI接口，支持USB扩展功能，具体型号现场勘查确定。

4. KVM：应满足与既有KVM系统完全兼容的要求，具备声光告警及管理功能，具体型号现场勘查确定。

（五）机柜要求

1. 规格要求

设备机柜尺寸应选用600 mm×600 mm×2 200 mm、600 mm×800 mm×2 200 mm以及600 mm×1 200 mm×2 200 mm三种规格。

2. 结构要求

（1）机柜层板深度应与机柜深度匹配，安装高度和位置应可调，便于安装和拆卸；标准型层板承重不小于40 kg，加强型层板承重不小于80 kg。

（2）机柜采用上下走线相结合方式，进线口应设置网罩。

（3）机柜门采用单门、右开方式，并预留通风孔。

3. 颜色要求

（1）集团公司木樨地枢纽通信机房的机柜应为黑色（色号哑光 RAL 9011）。

（2）新建线区间、车站通信机房的机柜应为灰色（色号 PANTONE 428C）。

（3）既有机房的机柜宜与既有机柜颜色一致。

4. 材质要求

（1）机柜主要承重部件（框架、横梁、立柱、U 位方孔条、L 形支架、层板等）所使用的钢板厚度应不小于 2.0 mm，机柜其他部件（门、侧板、顶板、底板、备板等）所使用的钢板厚度应不小于 1.5 mm，机柜顶端可标识设备厂家名称、设备型号，不可标识代理商名称。

（2）设备机柜表面应在工厂加工喷涂，机柜涂覆层、绝缘部件及其他附属部件均应采用阻燃或不燃材料。

（3）2M 同轴头及连接器件应为全铜材质，且同轴镀金部件镀金层厚度不小于 2 μm。

（六）通信机房房屋建设要求

1. 车站通信机械室（站房整体规划除外）、区间通信机房应不设窗户，机房门应密闭保温、防火、防盗、防尘。区间通信机房应为框架或砖混结构，房屋设置位置应远离地质灾害区域，房屋结构应利于机房防水，避免与卫生间、消防管路等存在漏水隐患的相关房屋及设备设施相邻。

2. 车站通信机房内应预留不少于 10 个机柜安装位置，区间通信机房应预留不少于 5 个机柜安装位置，以满足后期工程扩容、设备更新倒替需要。

3. 车站、区间通信机房地面应铺设釉面、非玻化地板砖，并加装防静电地板。机房高度应符合《铁路房屋建筑设计标准》（Q/CR 9146）的规定。机房内烟感探测器安装高度应距防静电地板不大于 3 m。通信机房进门处设置防静电桩。

4. 通信机房内应采用上下结合的走线方式，上走线架布放网线、同轴电缆、光纤跳线、射频线缆及架间信号控制线缆；下走线架布放电源线、地线并引入光电缆；布线时应预留一定走线量。走线架相关要求应符合《高速铁路通信工程细部设计和工艺质量标准》（Q/CR 9520）的规定。缆线布放采用走线槽方式时，应采用镀锌钢槽，厚度应不小于 2 mm。

5. 机房照明应采用 LED 灯并安装在机柜前后两侧。照明亮度应符合如下要求：中间站机房照明水平面照度不低于 500 lx，区间基站、电力所亭等机房照明水平面照度不低于 300 lx（注：水平面照度指距地面 750 mm 处的测定值）。

6. 通信机房（车站、基站、电力所亭等）应独立设置 2 台机房空调。空调应具备湿度调节、冷暖自动转换等功能，并具备接入电源及设备房屋环境监控系统及远控的条件。空调宜采用分体式柜机；室外机宜安装在机房东侧或北侧，并应加装可拆卸防尘滤网，室外机安装于院落外侧时应加装方便开启式防盗护网。

7. 区间通信机房院落应符合如下具体要求：

(1) 通信基站、直放站等处所应设高度不小于 2. 5 m 的实体围墙和具有防盗功能（不通透）的院门，院门下方应设置防鼠网；围墙上方应设高度不小于 700 mm（其中有 200 mm 向外倾斜

45°角）的金属防护网或铁蒺藜；围墙应设置排水孔，排水孔应有防鼠网；围墙大门应开在铁路护栏网外侧方向。

（2）区间通信机房、院落围墙周围应设置散水，非干旱地区护坡需铺设渗水砖。

（3）机房院落场坪应采用方砖硬化，方砖下三七土厚度不小于 300 mm；院落内的光电缆径路上宜铺设红色方砖以标识光电缆走向。

（4）院内应分别修建不同径路的电力、通信槽道各 2 条，内与机房引入井、箱变引入井相连，外引至院墙斜坡下坡脚，以满足箱变电缆、通信光缆的引入条件；槽道宽 300 mm、深 300 mm，坡度应为内高外低、不小于 5%，两侧做防鼠封堵。

（5）机房院落地面应高于院外地面利于排水；机房房屋内地面宜高于院落地面 300 mm 至 500 mm，机房门口应设置台阶、挡鼠板（高度 500 mm）。

（6）院门右侧挂设防腐、防盗标识牌，标识牌长 500 mm、宽 300 mm，内容包括机房名称（基站名称）、公里标、维修单位名称、维修联系电话，蓝底白字、宋体。

（7）院落和机房门锁应采用防水、防锈锁芯，加装大于锁体 3 倍的防腐防水罩。

（8）通信院落、机房外墙应统一刷灰色涂料。

（9）通信机房设计有窗户的必须安装遮阳防火窗帘。

（10）直放站、基站等区间设备采用一体化机柜、箱式机房时，应具备烟感、水浸、门禁、温湿度、电源及空调（如有）等监测功能；相关功能应纳入电源及设备房屋环境监控系统或直放站、基站网管系统。

8. 所有机房在符合建筑防火设施配置要求基础上，应配置二氧化碳灭火器，消防换气设施应满足机房防尘要求。

9. 设置七氟丙烷灭火装置的机房，应具备手/自动转换按钮，紧急启动按钮设置于房屋外侧门旁并加装勿动防护罩。

10. 沿线通信机房应修建维修进场通道，宽度应不小于 3 m，满足维护需求。

11. 通信机房地线排材质应为红铜，尺寸应分别不小于长 500 mm、宽 50 mm、厚 4 mm。

12. 枢纽车站通信机房面积不小于 160 m^2，一般车站机房面积不小于 120 m^2，区间通信机房面积不小于 60 m^2，全线通信机房设置通信光电缆引入间，每处面积不小于 10 m^2。通信机房设置单独电池室，信号楼通信电池室面积 30 m^2，区间基站、变电所通信机房、中继站等通信机房电池室面积 20 m^2。不具备消防设施的引入间及电池室，应按要求配置灭火器。车站信号楼通信机房宜独立设置。

13. 新建车站应新设通信值班室和备品间，每间面积不小于 25 m^2；动车所应设置通信备品间，线路所应设置通信值守间，每间面积不小于 20 m^2。

二、视频监控安装要求

（一）控制箱

1. 控制箱及附属部件材质、尺寸要求

(1) 铁塔：厚度不低于 1 mm，不锈钢材质，尺寸不小于宽

640 mm、高 720 mm、厚 230 mm。

（2）其他：厚度不低于 1 mm，不锈钢材质，尺寸不小于 400 mm×500 mm×230 mm。

（3）抱箍：厚度不低于 5 mm 的热镀锌钢板。

（4）螺栓：采用 M16 六角头不锈钢螺栓，螺栓长度为安装后螺纹露出长度不低于 15 mm，控制箱固定螺栓直径不应小于 14 mm，云台固定螺栓直径不应小于 12 mm。

2. 控制箱内部布局要求

（1）内部空间布局合理，便于器件散热和维护。

（2）控制箱中安装底座的螺丝孔为 U 形孔，便于位置微调。

（3）多个摄像机接入一个控制箱时，每个摄像机要单独设置空开，电源适配器要平铺式布局。

3. 控制箱安装工艺要求

（1）院落、救援疏散通道、作业门等线路外的视频控制箱采用抱箍固定在视频杆上，安装完成后控制箱顶端高度距作业面 1.7 m。

（2）咽喉区、隧道口等线路上的视频控制箱采用抱箍固定在视频杆上，安装完成后控制箱顶端高度距作业面 1.7 m；所有固定采用双螺母（加装防盗螺母）加弹平垫方式，并加装插销防脱。

（3）设置在接触网上的视频控制箱采用抱箍固定在视频杆上，视频控制箱应背向来车方向；安装完成后控制箱顶端高度距作业面 1.7 m；所有固定采用双螺母（加装防盗螺母）加弹平垫方式并加装插销防脱。

（二）摄像机

1. 摄像机附属部件材质要求

（1）支架：热镀锌钢板材质，厚度不低于 6 mm。

（2）接头盒：不锈钢材质，厚度不低于 1 mm。

（3）法兰盘：热镀锌钢板材质，厚度不低于 6 mm。

（4）螺栓：采用 M16 六角头不锈钢螺栓，螺栓长度为安装后螺纹露出长度不低于 15 mm。

（5）抱箍：厚度不低于 5 mm 的热镀锌钢板。

2. 摄像机安装工艺要求

（1）铁塔摄像机：两个激光摄像机对角安装，确保铁塔负载均衡，球机安装在近线路侧；摄像机至控制箱间线缆采用 HDPE 管防护。HDPE 管采用不锈钢卡具固定方式。

（2）路基段视频、咽喉区等线上摄像机及救援疏散通道、院落摄像机：安装时螺丝向下安装；摄像机线缆采用 HDPE 防护管，防护管采用抱箍固定；所有固定采用双螺母（加装防盗螺母）加弹平垫方式并加装插销防脱。

3. 摄像机安装高度

（1）铁塔重载云台摄像机安装高度为高于轨面 15~20 m。

（2）路基段接触网杆上安装摄像机高度为高于轨面 2. 5 m，与接触网回流线距离应大于 2 m。

（3）线路附近视频杆塔摄像机安装高度原则上高于轨面 2. 5 m，院落内视频杆塔摄像机安装高度原则上高于地面 2. 5 m；杆塔高度根据现场需要，摄像机一般安装在距离顶板 30 cm 处。

（三）视频缆线

1. 视频防护线管、视频杆塔及控制箱穿线孔洞应可靠封堵，防止雨水浸入侵蚀。

2. 摄像机终端的线缆应留有余量，以免影响摄像机的转动；摄像机的光纤、控制线及电源线均应进行固定；电源线不能与视频线、控制线等弱电线路同管。

3. 视频线缆应排列整齐，不拧绞，尽量减少交叉，交叉处粗线在下、细线在上，不同电压的线缆应分类绑扎；管内穿入多根线缆时，线缆之间无相互拧绞，管内没有接头。

4. 视频控制箱至通信机房间接入视频光纤应按主备配置，预留应急光纤便于故障处理。

5. 室外视频控制箱线缆引入机房时应采用钢管防护，在季节性冻土地段防护管采用 HDPE 管防护。

6. 杆体、摄像机及设备箱等设备应采取接地措施，接地电阻不小于 4 Ω，困难情况下不小于 10 Ω。杆体距贯通地线 20 m 范围内，其接地装置应接入铁路贯通地线。

三、网络安全要求

各通信子系统网络安全防护应满足国铁集团关于铁路通信网络的网络安全技术相关要求。

四、其他设计内容确认

以下内容根据可行性研究说明书进行审查确认，提出意见。初步设计阶段若未包含的，可在下一步施工图阶段提出意见。

1. 通信设备底座按照整排机柜设置，机柜间布放配线采用固线器固定。

2. 所有网管应满足接入综合网管、集中告警平台、资源管理系统需求。

3. 明确通信专业与其他专业施工界面。

4. 车站站台通信槽道应每隔 25 m 设 1 处通信光电缆检查孔。

5. 车站行车室内设安装通信设备的独立机柜，可单独上锁。

6. 通信机房内灭火器应采用指针式。

7. 地方电力信息直采设备不应与铁路通信设备安装在同一机房内，应安装在单独的机房内。

8. 由于设备自身原因引起的软件版本升级，在生命周期内厂家应免费升级。厂家应提供质保期后，对于单板维修报价及售后服务报价方案供设备管理单位选择。

9. 所有设备质保期自线路开通运营之日起计算，质保期内的维护保养内容、质保周期，由厂家根据招、投标文件及合同约定执行，并与维护管理单位签订质保承诺函，质保期内故障由厂家负责更换维修。

10. 施工单位在静态验收时同步提供已完成的设备采购合同复印件及电子扫描件（不包含商务条款）。

第三章

施工图阶段

第一节　综　　述

施工图文件是工程实施和验收的依据，直接决定施工阶段能否顺利开展，减少结合部和电务工程问题。根据初步设计的审批意见，采用定测及补充定测资料编制，为施工提供需要的图表和必要的设计说明，并依据施工图工程数量和相关规定编制施工图预算。施工图文件应详细说明施工图注意事项和施工安全风险防范的措施，注明运营维护应注意的事项。

一、工作时间

施工图阶段为设计院施工图设计达到规定深度、施工图审核单位审核结束后，到国铁集团工管中心组织施工图审查前。

二、工作目标

施工图阶段以施工图审核优化为主要内容，重点审查初步设计批复意见落实情况，围绕工程措施、结构安全、施工方案、运营需求及各设计院间的各项设计技术问题开展施工图审核及优化，从源头防止设计漏项和缺陷，提高设计质量。

三、工作内容

提前熟悉项目建设标准，了解设备使用功能，掌握运营设施及状况，重点审查初步设计批复意见落实情况，确定各类施工图的选用是否正确，重点审查施工组织方案，确保施工安全措施完善，既有线施工过渡及安全措施可行并达到规定深度；重点部位的接口方案；详细说明施工注意事项和施工安全风险防范措施，以及运营维护应注意的事项。

四、工作依据

1.《铁路建设项目预可行性研究、可行性研究和设计文件编制办法》（TB 10504—2018）

2.《中国铁路总公司关于铁路局集团公司提前介入铁路建设项目管理工作的指导意见》（铁总办〔2017〕320 号）

3.《中国铁路北京局集团有限公司关于转发国铁集团〈铁路建设项目施工图审核管理办法〉的通知》（京铁建〔2023〕17 号）

4.《中国铁路北京局集团有限公司提前介入铁路建设项目管理工作实施办法》（京铁办〔2022〕172 号）

5.《高速铁路设计规范》（TB 10621—2014）

6.《铁路通信设计规范》（TB 10006—2016）

7. 国家、国铁集团、集团公司有关规范、验收标准、运营

维修标准

8. 初步设计批复文件

第二节　工作要求

一、组织机构

电务专业提前介入工作组按照本专业验收规范及维修标准，结合运用维护经验，对施工图设计方案进行审查；核实初步设计阶段审查意见落实情况；追踪施工图审查意见落实情况。

二、工作流程

施工图预审由集团公司建设部组织，电务部派人员参与方案审查，审查完成后，电务系统形成结论性意见提交建设部统一反馈给相关单位。具体流程如图 3-1 所示。

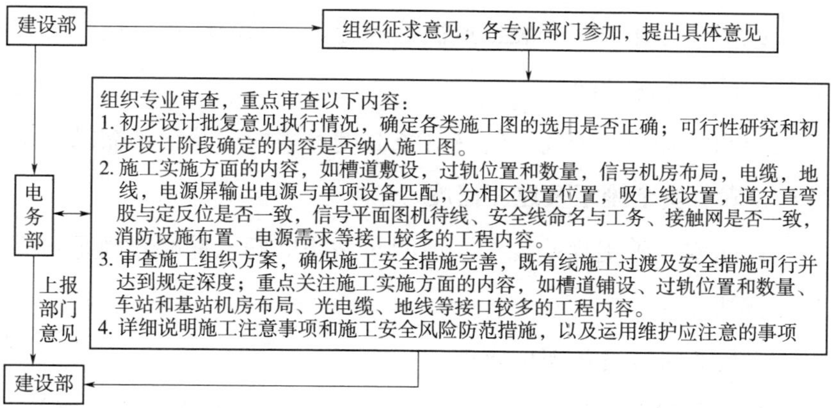

图 3-1　施工图设计审查流程

第三节　信号专业工作要点

一、说明书审核

初步设计审批意见的主要内容及执行情况，重点审核与初步设计不一致内容。

（一）设计说明

确定初步设计阶段的各项内容。

（二）环境保护措施

说明电缆沟开挖，电池、电缆材质选择等方面的环保措施。

（三）节约能源措施

说明电源屏及其器材选择、信号设备布置、电路设计等方面的节能措施。

（四）施工接口

说明施工接口、安装、遵循的规程等方面的注意事项。

（五）特殊设计

说明特殊设计或需要特殊规章制度保障的运营维护需求。

（六）安全施工及过渡措施

说明安全施工规范要求，说明车站、区间、驼峰过渡原则及具体方法。

（七）信号设备规格要求

说明信号各系统设备需要遵循的技术标准及产品准入标准，结合各工程的主要技术要求、接口需求等。

1. 信号机及标志牌

（1）区间不设通过信号机的线路，车站信号机宜采用矮型信号机。区间设通过信号机的线路，以地面信号为列车行车凭证的线路宜采用高柱信号机；在桥梁、隧道内宜采用矮型通过信号机；以车载信号为列车行车凭证的线路宜采用矮型信号机。

（2）信号机构应采用铝合金机构，矮型信号机顶部采用整体浇铸式；机构连接管、金属支架、梯子应采用粉末渗锌材料。

（3）信号机采用短遮沿，并用加大垫片和六角螺丝固定。

（4）信号机按规定地点安装，符合相关限界要求；信号专业设计必须与牵引供电专业设计共同确认分相区设置位置与信号机位置间距离关系。高柱信号机安装须满足安全距离的要求。

（5）信号机宜采用双灯泡，转换按钮、插片加装辅助线。

（6）各类信号机均应设置铭牌，矮型信号机设置在机构与立柱间，高柱信号机挂在机柱的正面；站内信号机底部距钢轨顶部2 000 mm，区间通过信号机底部距钢轨顶部2 250 mm。

（7）电气绝缘节处的禁停标志牌，粘贴在轨旁信号箱盒迎向列车方向。

（8）预告标志牌设在进站信号机及防护分歧道岔的线路所通过信号机外方900 m、1 000 m、1 100 m处。但在上述信号机外方设有同方向通过信号机的区段，均不设预告标。

（9）进站信号机前方第一、第二架通过信号机的机柱上，应分别涂三条、一条黑斜线。

（10）区间信号标志及号码牌、预告标志牌、级间转换标志牌、中继站标志牌，原则安装在接触网支柱上，不满足标准时，安装在增设的镀锌金属柱子或防撞墙上；在隧道内可安装在防撞墙上或隧道壁上，并有补强措施。高速、城际铁路及有关联络线区间信号标志牌、接近预告标志牌、中继站标志牌和级间转换标志牌粘贴在接触网立柱上，迎向列车运行方向。

2. 轨道电路

（1）区间最远端电缆采用 8 芯铝护套电缆。区间发送、接收电缆末端应分别设 2 根 4 芯电缆，用 4 备 4。

（2）正线间渡线道岔曲股等动车进路，应采用涂镀、喷涂等措施进行分路不良整治；与动车进路衔接的区段、维修线应采用高压脉冲轨道电路等措施进行分路不良整治。

（3）区间自动闭塞区段与既有线衔接的车站应同步实施区间列车占用逻辑检查功能。

（4）站内与区间的轨道电路制式原则上要保持一致。正线同一集中区内轨道电路型号原则上应一致，三线、四线并行区段应采用设置分割、调整载频等可靠的防干扰措施。

（5）设计 ZPW-2000 系列轨道电路的长度应符合规范要求。对于超过 300 m 的道岔区段设置补偿电容时，补偿电容不宜设置在岔区内，应由设备供应商出具补偿电容安装位置。

3. 联锁、列控、CTC

（1）控制台及远程控制终端交换机应采用两路独立电源，分别与联锁机及工控机的电源一致。

（2）联锁、列控接口架设相应的正负电源，便于测试；联锁、列控机柜到接口架敷设不少于一条备用的采集、驱动线缆，联锁、CTC 至控制台应敷设备用视频、音频、网线、电源及鼠标电缆；从机柜到组合架引接口电源的，应双环；接口柜采集、驱动线缆底座应与柜体保持一定间隙且采用绝缘管防护，防止磨卡配线造成封连。

（3）远程控制终端交换机与近端交换机采用不同物理径路的光缆双环连接，且须经通信机房引至信号机房。

（4）机柜内使用的串联型、并联型防雷必须带有劣化指示。

（5）列控机柜至移频柜应敷设 CAN 线备用线缆。

（6）设置集中式 UPS 车站，联锁、列控、CTC 等系统应不再单独设置 UPS 电源系统。

4. 监测设备

（1）信号安全数据网网管终端，联锁、列控机柜内独立电源具备开关量监测条件的，智能电源屏输入、输出电压、电流，电源模块状态、电压、电流及外电网监测，集中式 UPS 模拟量、开关量，蓄电池在线均衡监测，TSRS、RBC、动车段（所）控制集中系统（CCS）电源屏状态，列控逻辑检查功能状态（开启和关闭），道岔视频缺口监测，油压油位监测，区间监测，地震监测，电源及设备房屋环境监控，各备用电缆（含贯通）对地绝缘测试等应纳入信号集中监测。

（2）信号集中监测应考虑扩容杀毒、时钟同步服务器的节点数量。

（3）信号集中监测应设置智能分析平台，及时将设备异常信息通过声光进行报警。

（4）信号集中监测应接入集团公司中心服务器。

（5）信号集中监测终端应接至信号工区和值班点、所属车间、专业车间和专业工区、段调度中心。

（6）电源及设备房屋环境监控接至现场车间、段调度中心。

（7）信号安全数据网网管终端应接至段调度中心、专业车间和专业工区。

（8）CTC 终端应接至段调度中心。

（9）综合视频、DMS、车载设备管理信息系统应接至段调度中心、专业车间和专业工区。

5. 道岔

（1）采用视频缺口监测，监测信息应采用光缆传输通道。

（2）动车组列车进路上的道岔、站场的关键道岔应设计融雪装置，同时考虑电力容量。

（3）线路所、站场 18 号及以上和使用频繁的外锁闭道岔应加装自动注油装置。

6. 电源设备

（1）信号设备用电要求从电力部门的变压器直接引入到信号用防雷开关箱，中间不得设中间转接配电箱。信号防雷开关箱、信号集中监测系统电源监测箱使用外挂式安装。信号防雷开关箱进出线方式为上进下出。

（2）从电力部门引入信号机械室的电缆，要求在电力部门侧的电缆钢带或保护钢管接地。信号防雷开关箱电源零线、防雷地线、安全地线单独设置，一、二路电源零线分别引入设置，不能共用一个端子，信号防雷开关箱有配线图。

（3）电力容量须满足信号电源使用需求，设计须明确信号电源开关箱断路器及电力提供信号电源断路器的容量。

（4）远程终端的电源原则上从远端引入，近端电源屏施工不得影响远程终端的正常使用。远端与近端同线别同天窗时段的，远程终端的电源可考虑由近端电源供电。每个站场的远端设备必须由互为热备的独立模块供电。

（5）智能电源屏对计算机联锁、列控（含 TCC、RBC、TSRS）、信号安全数据网交换机、CTC、信号集中监测等系统及道岔表示电源、轨道电路电源等设备应独立供电，并采用冗余供电方式，不得共用模块。

（6）设计须根据实际信号设备容量明确智能电源屏输入、输出配置。

（7）UPS 常规报警信息应接入电源屏的监测模块，并一同纳入信号集中监测。

（8）电源屏输出配置除常规输出外，应考虑增设道岔融雪控制终端、区间轨道电路监测及诊断系统、各种监测、电务监督系统、远程控显电源等设备的用电输出。

7. 电缆槽道

（1）新型 T 梁桥电缆槽应选通桥图（2017）2101-Ⅰ电缆水泥槽道。旧型 T 梁桥电缆槽在上跨公路、铁路及有声屏障处电缆槽必须内挂。电缆槽应采用 SMC 材质，槽内设贯通地线的应带隔离小槽并水泥砂浆包封。与地面净空低于 5 m 的桥梁电缆槽内电缆需包裹 3 层以上防火布，以提高防火性能。桥梁接缝处采用基于国铁集团 SMC 电缆槽技术标准阻燃、隔热防护槽进行防护，以达到火灾发生后 30 min 以上，光电缆完好的防护效果，防护长度不少于 1 m。

（2）站台电缆敷设区域宜设置综合管廊（高1.4 m，宽1.2 m），且不得设置在盲道1.7 m的范围内，并解决排水问题。设有地道或高架站时，入楼电缆提前落地，在站台墙下方外侧设置综合管廊进楼。站台主干电缆槽道汇聚入楼处的电力、通信、信号电缆槽分设，手孔井的尺寸要根据入楼电缆的多少合理设计。

（3）在手孔、人井内的电缆与其他电缆无物理隔离应加信号标志。电力手孔井与通信、信号手孔井应分设，在电力手孔井内通信、信号电缆槽保持贯通、物理隔离良好，在通信、信号手孔井内电力电缆槽保持贯通，以起到物理隔离的效果。

（4）在路基地段、与既有线连接的电缆径路须位于栅栏网内，贯通地线按照标准敷设于电缆槽下方。

（5）槽道内电缆敷设完毕后，应采用砂袋对电缆进行防护。站前计列砂袋和运输费用，站后计列敷设砂袋费用，由站前负责将砂袋运至现场与槽平行堆放，待光电缆敷设实施完毕后由站后专业实施砂袋入槽工作。

（6）跨行人道路的高架桥电缆槽采取自然排水时，不得直接排在行人道路上，管道引至两端排放。

（7）多场合设信号楼的站场应在咽喉区设集中式电缆过轨涵，同时解决排水和毒气排放系统。

（8）站台综合管廊与站区电缆槽应自然顺接，且站台综合管廊端头设置防火门。

8. 房建

（1）信号机械室应采用独立信号楼方式，预留信号大修倒替层，不采用综合站房设置信号机械室的方式。信号机房标高须考虑防洪需求。电源屏室、电缆间、防雷分线柜间应独立设置。防雷分线柜间与信号机房设置防火门。

（2）中继站、线路所机房应考虑防洪要求，按百年洪水位设置，不应设置在周边的泄洪区、隧道内；进站道路按永久性道路（宽 4 m、厚 10 cm 水泥面）设计，同步配套汽车通道。原则上信号中继站/线路所前后 50 m 的位置应设置上线路的作业通道门或应急通道门。中继站预留应急值守房屋，不与其他专业机房共用。无人值守的中继站、线路所设置单独材料间。

（3）信号机械室的门采用钢质防火门，向外开；窗户采用单框双层玻璃封闭窗，并符合《电子信息系统机房设计规范》（GB 50174）的有关规定；窗帘采用防紫外线窗帘；照明采用品牌 LED 面板灯。

（4）信号机械室、电子设备间等信号设备机房应设墙壁应急电源，组合架两侧分别设置，距地面 60 cm。机械室内采用机房专用空调并预留安装位置，空调电源容量、配线、空开需满足需求，且设置满足空调质量、运用稳定、颜色为 PANTONE 428C 的底托。

（5）信号机械室设计时，预留径路最短且足够大的电缆引入口。信号机械室及中继站的下走缆采用爬架式布线。

（6）信号机房在底层时底部及机房内均不得设置水管和空调出水管。信号机房顶部上方不得设置卫生间、洗手间、茶水炉且房顶不得预埋水管、水箱。信号机房在底层时底部地面需要有压密注浆等加固措施，防止地面下沉。

（7）信号机房应符合消防要求，设置气体灭火装置（七氟丙烷)，消防设施控制盘设置位置征求设施管理单位意见，需充分考虑后期机房作业关闭消防设施操作的合理性。

(8) 信号机房应具备电源及设备房屋环境监控功能。

(9) 信号楼、线路所和中继站设置独立的电缆间（不能设置电缆井)，电缆间大小满足入楼电缆余量要求。

(10) 信号机械室应靠近站房的线路侧设置。信号机械室上方不得设置积水设备。信号机械室按大开间布局，中间不设立柱，室内地面做瓷砖地板后再加防静电地板。入户踏步设置在入户门外，室内设吊顶。采用 LED 吸顶式照明灯具，信号机房防静电地板及吊顶间的净高满足 3.1 m 以上。平层式设备用房设置围墙，大门采用不锈钢材质，生产用房应设置单独的廊区，用于设置公共设备。

二、图纸审核

（一）车站联锁

1. 信号设备平面布置图（含应答器）

对于侧线进路无码的站场，应根据线路允许速度，经行车检算，合理设置补码区的长度；信号机设置位置、朝向、灯光显示满足运营需求和设计规范；站前专业道岔直弯股位置与信号专业道岔定反位核对，若不一致则核对相关接车进路、信号显示、正线电码化；核对绝缘节与警冲标距离是否满足要求，不满足则与信号专业设计沟通、协调；核对机待线、安全线命名与站前专业、牵引供电专业是否一致，若不一致应及时与信号专业设计沟通、确认。

2. 室内信号设备布置图

室内断路器的熔丝报警电源使用的 DC 24 V 不应与 KZ、KF 共用，应单独取电。

3. 双线轨道电路图

吸上线、回流线设置和中心连接板通、断合理，不闭合成环；电缆径路、过轨设置合理。

4. 室外电缆布置及防护示意图

（1）新建线路应全程（含维修工区和存车场、动车所）设计电缆槽。强弱电电缆井、电缆过轨通道分开设置，位置设置合理，有利于后期敷设电缆、设备安装等施工。

（2）站场站台内光电缆槽道采用综合管廊，且不得设置在盲道 1.7 m 的范围内，并解决排水问题。设有地道或高架站时，入楼电缆提前落地，在站台墙下方外侧设置综合管廊进楼。站台主干电缆槽道汇聚入楼处的电力、通信信号电缆槽分设，手孔井的尺寸要根据入楼电缆的合理设计。

（3）在手孔、人井内的电缆与其他电缆无物理隔离应加信号标志。电力手孔井与通信、信号手孔井应分设，在电力手孔井内通信、信号电缆槽保持贯通，在通信、信号手孔井内电力电缆槽保持贯通，以起到物理隔离的效果。

（4）跨行人道路的高架桥电缆槽采取自然排水时，不得直接排在行人道路上，管道引至两端排放。

（5）多场合设信号楼的站场应在咽喉区设集中式电缆过轨涵，同时解决排水和毒气排放系统。

（6）站台综合管廊与站区电缆槽应自然顺接，且站台综合管廊端头设置防火门。

5. 联锁图表

审查内容是否齐全、合理，审查信号机、道岔、轨道电路等设备有无特殊布置，是否考虑现场既有无电区、信号机右侧等特殊情况。核对是否存在“小八字”或因运营要求禁止使用的迂回进路。

6. 信号室内设备接地示意图

审查信号电缆（含线路所、中继站）引入设备前是否设单独电缆间，电缆间内是否设置接地端子。

（二）区间信号

1. 区间信号平面布置图（含应答器）

（1）发车口 1LQ 区段应按 700 m 设置要求（尤其不是全进路发码地段）。

（2）区间信号点设置应综合考虑选定位置与接触网立柱对齐，并综合考虑轨道板和防撞墙的安装位置，严禁信号设备设置跨两个轨道板或两块防撞墙。其中与接触网立柱前后偏差不宜大于 1. 0 m。以保证信号标志牌安装位置准确。

2. 区间干线、支线电缆径路及防护示意图

（1）槽道内电缆敷设完毕后，应采用砂袋对电缆进行防护。站前计列砂袋和运输费用，站后计列敷设砂袋费用，由站前负责将砂袋运至现场与槽平行堆放，待光电缆敷设实施完毕后由站后专业实施砂袋入槽工作。

（2）路基、桥梁、隧道的接头部分考虑电缆槽的顺接，尽量减少短路基，或者该段电缆槽比照桥梁电缆槽直通。

（3）单线 T 梁上电缆槽设置在检修踏步板下方。

3. 贯通地线、横向连接及区间设备接地图

（1）新建线路应全程（含维修工区和存车场、动车所）设计贯通地线，贯通地线全程与光电缆物理隔离。

（2）设计院应根据轨道电路设置情况，给出吸上线设置图，以便解决与接触网专业的接口问题，从而降低防止工频干扰的概率。

（三）列控系统

1. 信号安全数据网网络图（含网管及维护终端）

信号安全数据网通道组网结构应出图（含光纤分配图），其中环网不接中继器的站场应直接融通，减少衰耗。

2. 车站应答器平面布置图

（1）在股道有效长设计为 650 m 的站场，出站应答器组设置应满足 17 辆编组“复兴号”动车组运行条件。

（2）进出站应答器距对应的进出站信号机的间距应小于 120 m。出站应答器距居中设置的站台端部宜控制在 10 m 至 15 m 范围内。

3. 码序表。列控软件仿真试验前设计应提供码序表。

（四） CTC

1. CTC 系统结构图含总机、分机、中继设备、传输通道、回线构成方式及与行车调度指挥系统联网等。

2. 调度所室内设备布置图。站机设备布置由联锁图册统一考虑。调度所配备 CTC 仿真演练设备，运输系统按需申请配备 CTC、联锁实训平台。

（五）信号集中监测系统

1. 信号集中监测系统应按《信息安全技术网络安全等级保护安全设计技术要求》进行网络安全等级保护安全设计。

2. 涉及既有信号集中监测系统时，审查是否考虑各级终端适应性修改，是否涉及既有系统硬件、软件升级并纳入设计。

3. 信号机房环境监测功能纳入通信专业电源及设备房屋环境监控系统时，审查信号集中监测系统是否能够通过系统接口服务器、采用 LAN 接口与电源及设备房屋环境监控动环系统监控中心互联互通，并获取环境监控信息。

（六）综合接地

1. 综合接地系统总体结构示意图

（1）信号电缆（含线路所、中继站）引入设备前设单独电缆间，电缆间内设置接地端子，电缆间的金属支架应可靠接地。

（2）室内设备接地包括电源引入防雷接地、传输通道防雷接地、电缆屏蔽接地、设备机柜等电位接地四类接地，应就近接入房建预留的相应接地端子，且不得构成回路。

（3）电源引入防雷接地、传输通道防雷接地、电缆屏蔽接地、设备机柜等电位接地线线径、接地端子符合要求，不得混接。各接地端子应设置用途铭牌。

2. 接地连接及接地端子示意图

按照综合接地“就近接入”的要求，无砟轨道板综合接地端子预留应靠近接触网支柱一侧，道岔转辙机、密贴检查器的综合接地端子预留应靠近道岔转辙机、密贴检查器，其中密贴检查器处两侧预留。

（七）其他信号设备

1. 无砟道床浇筑时同步预留道岔融雪装置、密贴检查器内径 60 mm 的热浸塑钢管过轨条件。合理设置站场内过轨及正线过轨引入方式。

2. 室内机柜、分线盘和室外箱盒应使用端子式，不得使用万可端子式。

三、列控工程数据表审核

列控数据是编制应答器报文、列控中心控制轨道电路编码、临时限速服务器参数化和 RBC 设备工程数据参数化的依据，是开展各项软件编制的基础，数据的准确与否直接影响后期动车安全运营。

注意事项：

（1）枢纽内里程转换关系是列控数据编制的难点，需要仔细核对。

（2）关注并理顺本工程与相邻工程里程衔接关系。

（3）对比里程转换前后站、区间平面情况（区段长度、频率），对比里程转换前后站内进出站里程是否错位（如错位则可能说明站内设计存在错漏），确保里程转换正确。

（4）仔细核对里程转换前后站内应答器里程（尤其人工输入里程的情况下）。

（5）仔细核对里程转换前后区间定位应答器里程（进站口、特殊的定位应答器等均为人工输入，需仔细核对）。

（6）仔细核对里程转换前后特殊用途应答器里程。

（7）仔细核对里程转换前后大站进路信息表中应答器链接关系、速度和长度的取值（C2 以绝缘节为准、C3 以岔尖为准）、安全线处的速度取值、进路编号与蓝图保持一致、尽头股道限速、9 号道岔侧线限速、正线站台处限速，应答器链接距离与应答器里程标差值对比一致。

（8）核查站内补码区段情况，以免列控数据遗漏。

（9）检查反向发码合并情况，合并时反向信号数据表中应注意写为“无信号机”。

四、概算编制审核

（一）审核项目

信号预算包含行车调度指挥、自动闭塞、列控、联锁、无线闭塞中心、临时限速、驼峰、其他［信号集中监测、道岔缺口监测、信号室内防雷、道岔融雪、接地、机车信号测试、列车自动防护（ATP）/列车运行监控装置（LKJ）车载设备、仪器仪表、备品备件等］等几大类，各类中均包括建筑、安装、设备三部分。

（二）审核迁改过渡项目

预算内要包含工程实施过程中的迁改和过渡费用，迁改和过渡次数要初步明确。

（三）仪器仪表

仪器仪表配置符合现场使用需求，在工程介入阶段提前配备到位。

（四）备品备件

主要备品备件按电务段、车间、车站（含中继站及线路所）三级分类配属。

第四节　通信专业工作要点

一、说明书审核

初步设计审批意见的主要内容及执行情况，重点审核与初步设计不一致内容。

（一）设计说明

确定初步设计阶段的各项内容。

（二）环境保护措施

说明光电缆沟开挖，电池、光电缆材质选择等方面的环保措施。

（三）节约能源措施

说明通信设备布置、电路设计等方面的节能措施。

（四）施工接口

说明施工接口、安装、遵循的规程等方面的注意事项。

（五）特殊设计

说明特殊设计或需要特殊规章制度保障的运营维护需求。

（六）安全施工及过渡措施

说明安全施工规范要求，说明车站、区间基站过渡原则及具体方法。

（七）通信设备规格要求

说明通信各大系统设备需要遵循的技术标准及产品准入标准，结合各工程的主要技术要求、接口需求等。

二、施工图审核注意事项

1. 平面图、技术规格书与新颁布的技术规范标准一致，枢纽贯通、高普结合的设计标准各设计单位形成一致意见。

2. 评估新线引入站的设备利旧范围。

3. 规避特殊联锁关系，无法避免的特殊联锁关系需联系设计验证、说明。

4. 现场勘址核对确认时，信号、通信机房设置满足日常维修、人员进出等生产生活条件。

5. 参与各类会议的人员做好审核过程中问题的记录，复核相关会议纪要内容，非主管人员参与的会议及时传达会议内容。

6. 相关专业接口配套设计符合通信工程需求。

三、技术规格书审核基本要求

1. 各系统设备满足业务功能和供货、安装、调测、验收、质保期服务内容等方面的要求，并提供技术规格书作为设备采购合同附件。

2. 各项设备及系统的功能、性能应完全符合国家、国铁集团及集团公司标准。

3. 设备组成系统能够实现与既有系统的互联互通。

4. 可推荐应用最新技术制造的产品，但其功能应相当于或超过目前采用技术要求，产品的性能、可靠性与耐久性必须有显著的提高，并就选择产品的意图提供详尽的证明文件及解释。

5. 各厂家提供自新建铁路开通运营之日起二年内免费维修（含铁塔质保期内的周期性巡视检测）。

6. 各厂家所提供的软件应为最新成熟且统一的版本，且保证系统终验后两年内如推出新的商用版本，给予免费升级。在软件升级时，设备软件和网管软件应能够在线平滑升级，在升级达不到预期目的时，各厂家负责免费恢复升级前软件版本和相应的数据库。

7. 网管服务器（终端）各类软件必须安装正版，服务器采用双电源、刀片式，网卡根据实际需求配置。

8. 技术规格书应明确管理及维护人员厂培天数及培训内容。

9. 设备附件要求。各厂家除提供相应设备外，还应包含以下内容：

（1）产品合格证。

（2）产品技术手册（外观尺寸、功能、性能、主要技术参数、组网应用及其他技术规格、商标、目录号、施工特点、相关的外观图纸/图片、原理图和安装图）。

（3）设备的安装及操作维护手册（安装、操作、维护、故障排除等）。

四、概算编制审核

（一）审核项目

通信预算包含通信线路、传输等各个通信子系统，各类中均包括建筑、安装、设备三部分。

（二）审核迁改过渡项目

预算内要包含工程实施过程中的迁改和过渡费用，迁改和过渡次数要有初步明确。

（三）交通工具

1. 维护车辆宜按照现场维护工区数量配置，车间按照2辆配置。

2. 应急抢险车按照《中国铁路总公司运输局关于印发〈电务系统提高电务系统提高维修机械化水平的指导意见〉的通知》（运电通信函〔2014〕244号）要求执行。

（四）备品备件及仪器仪表

备品备件需按照不低于《关于印发〈高速铁路轨道及站后“四电”工程备品备件配置指导意见〉的通知》（铁建设〔2012〕158号）要求执行，在技术规格书中列表明确数量，并在提供设备的同时提供全部备品备件。仪器仪表配置应符合现场使用需求，在工程介入阶段提前配备到位。

第四章

工程实施阶段

第一节 综 述

工程实施阶段是高速铁路竣工验收前的最后一关，是可行性研究、初步设计、施工图的集中体现，通过提前介入等手段，组织设备管理单位完成配合工作，顺利开展后续验收工作。工程实施前，要确认电务工程施工进场条件。首件定标，是工程实施的重要前提条件，设备管理单位提前介入对施工单位首件定标工程，确认各方面施工要求、工艺、用料需求、标准站整治等内容，建设单位组织首件定标审查并通过后，信号、通信工程按首件要求开展实施。实施过程中，涉及结合部的信号、通信工程是建设过程中的重点盯控点，提前发现、解决结合部存在的问题，是高质量完成信号工程的必要条件。

一、工作时间

电务工程实施阶段，室内在机房房建主体工程结束后、设备安装及布线前介入，室外在四电工程开工前介入。

二、工作目标

通过新线建设提前介入，从站前、房建接口工程开始至信号、通信工程实施完成全过程参与，对工程实体质量全方位、全覆盖的联合检查，最大限度地排查工程质量缺陷，建立介入问题库，并会同建设单位督促施工、设计、监理单位进行整改。对不能满足运营维护需求的部分，进行设计优化或功能补强。确保工程施工按图实施，施工过程中各专业工序正常开展，减少因工期交叉引起的结合部问题，隐蔽工程、电缆、信号、通信、光电缆设备质量符合预期要求，为静态验收阶段打下良好基础。

三、工作内容

工程实施阶段提前介入以工程质量检查为主要内容，主要工作内容如下：

1. 熟悉项目建设标准，了解设备使用功能，参与关键工序、重点地段、重大工程的施工方案，参与相关变更设计方案审查，对技术、质量控制措施提出专业意见。

2. 参与在建工程施工检查，对施工质量、工艺标准进行监督，重点对施工图审查中电务部提出的修改意见落实情况进行重点盯控，对检查中发现的问题及时督促建设单位整改。

3. 参加涉及营业线施工的施组审查，重大节点施工把关，如上跨、下穿既有铁路，临近既有铁路施工等。

4. 协调对接生产生活用房、工器具备品等相关事宜。

四、工作依据

（一）信号部分

1.《铁路安全管理条例》（中华人民共和国国务院令第 639 号）

2.《高速铁路设计规范》（TB 10621—2014）

3.《高速铁路信号维护规则》（TG/XH 102—2015）

4.《轨道电路通用技术条件》（TB/T 2852—2015）

5.《轨道电路系统 25 Hz 相敏轨道电路》（TB/T 2853—2018）

6.《ZPW-2000 轨道电路技术条件》（TB/T 3206—2017）

7.《高速铁路信号工程细部设计和工艺质量标准》（Q/CR 9521—2018）

8.《高速铁路信号工程施工技术规程》（Q/CR 9607—2015）

9.《高速铁路信号工程施工质量验收标准》（TB 10756—2018）

10.《铁路道岔转换设备安装技术条件》（TB/T 3508—2018）

11.《铁路贯通地线》（TB/T 3479—2017）

12.《铁路防雷及接地工程技术规范》（TB 10180—2016）

13.《建筑物防雷设计规范》（GB 50057—2010）

14.《铁路信号电源系统设备》（TB/T 1528—2018）

15.《铁路工程设计防火规范》（TB 10063—2016）

16.《高速铁路竣工验收办法》（铁建设〔2012〕107 号）

17.《铁路电力、电力牵引供电工程施工安全技术规程》（TB 10308—2020）

18.《中国铁路总公司关于铁路局集团公司提前介入铁路项目管理工作的指导意见》（铁总办〔2017〕320号）

19.《中国铁路北京局集团有限公司铁路外部环境安全管理办法》（京铁安监〔2021〕190号）

20.《中国铁路北京局集团有限公司关于印发〈中国铁路北京局集团有限公司提前介入铁路建设项目管理工作实施办法〉的通知》（京铁办〔2022〕172号）

21. 经国铁集团批准的相关补充标准、技术条件、暂行规范、指导意见等

（二）通信部分

1.《铁路安全管理条例》（中华人民共和国国务院令第639号）

2.《高速铁路设计规范》（TB 10621—2014）

3.《铁路技术管理规程（高速铁路部分）》（TG/01—2014）

4.《铁路通信设计规范》（TB 10006—2016）

5.《高速铁路通信工程施工质量验收标准》（TB 10755—2018）

6.《铁路数字移动通信系统（GSM-R）设计规范》（TB 10088—2015）

7.《铁路数字移动通信系统（GSM-R）应用业务 调度系统》（TB/T 3379—2016）

8.《铁路工程设计防火规范》（TB 10063—2016）

9.《铁路时间同步网技术条件》(TB/T 3283—2015)

10.《高速铁路通信工程细部设计和工艺质量标准》(Q/CR 9520—2018)

11.《铁路通信维护规则》(铁总运〔2014〕295 号)

12.《电工电子产品着火危险试验》(GB/T 5169)

13.《安全防范工程程序与要求》(GA/T 75—1994)

14.《铁路贯通地线》(TB/T 3479—2017)

15.《铁路防雷及接地工程技术规范》(TB 10180—2016)

16.《建筑物防雷设计规范》(GB 50057—2010)

17.《铁路电力、电力牵引供电工程施工安全技术规程》(TB 10308—2020)

18.《高速铁路通信工程施工技术规程》(铁总建设〔2015〕47 号)

19.《高速铁路竣工验收办法》(铁建设〔2012〕107 号)

20.《中国铁路总公司关于铁路局集团公司提前介入铁路项目管理工作的指导意见》(铁总办〔2017〕320 号)

21.《中国铁路北京局集团有限公司铁路外部环境安全管理办法》(京铁安监〔2021〕190 号)

22.《中国铁路北京局集团有限公司电务部关于新建铁路通信系统工程标准化的要求》(京电函〔2020〕7 号)

23. 经国铁集团批准的相关补充标准、技术条件、暂行规范、指导意见等

第二节　工 作 要 求

一、组织机构

1. 信号、通信设备接管单位成立工程实施阶段提前介入工作小组，由单位主要负责人任组长，指派一名副职任副组长，有关科室、车间负责人任组员，专门负责提前介入具体实施工作。

主要职责如下：

（1）领导并组织开展本单位提前介入工作，掌握责任区段内新建项目工程建设动态、质量、进度情况。

（2）对责任区段内施工项目工程质量进行检查。

（3）检查过程中发现施工单位存在工程质量等问题时，要及时责令施工单位纠正，限期整改；对发现的重大质量、安全隐患或危及行车安全的情况要及时制止，并向专业工作组、建设项目管理单位和提前介入管理办公室报告。

（4）负责检查记录、影像资料、问题库的管理，逐条跟踪落实整改，及时更新反馈。

2. 提前介入工作人员主要职责。

（1）掌握设计标准、验收标准和维修标准。通过提前介入，发现建设项目设计及建设过程中存在的问题。

（2）在工程实施阶段，掌握本专业的质量情况和问题整改情况；掌握工程进度和技术装备质量状况。

（3）按照提前介入实施方案，开展现场检查、随机抽查、巡检提示等多种方式的检查。

(4) 及时、真实、准确填写检查记录，录入问题库，制作留存影像资料，逐条跟踪问题整改，对发现的安全质量问题和整改落实情况要及时反馈段工作小组。

二、工作流程

电务部，信号、通信设备接管单位参与现场检查和内业资料检查，建立问题库，要求建设单位督促施工单位对问题进行整改销号，实行动态管理。

施工阶段提前介入工作流程如图 4-1 所示。

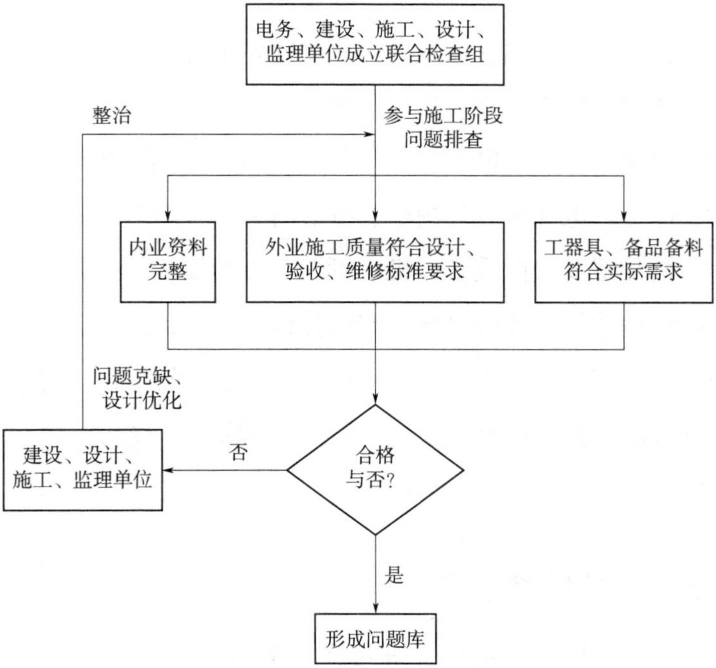

图 4-1 施工阶段提前介入工作流程

第三节　信号专业工作要点

一、一般事项

主要包括信号机、轨道电路、信号集中监测、道岔、电源设备、电缆、信号楼及室内设备、设备接地、设备安装、标志牌等事项。

二、重要项点

1. 信号机：材质、限界、安装要求等。

2. 轨道电路：箱盒、绝缘、引接线、电容等。

3. 信号集中监测：监测内容、联网要求等。

4. 道岔：安装标准、融雪装置等。

5. 电源设备：外电引入、电源屏、UPS、电源防雷箱等。

6. 电缆：电缆敷设、槽道、桥上引下、室内引入等。

7. 信号楼及室内设备：机房设置、机柜安装、配线等。

8. 设备接地：综合接地、室内接地、室外接地等。

9. 设备安装：箱盒安装、室内设备安装、轨旁设备安装等。

10. 标志牌：区间信号标志牌、禁停牌、中继站标志牌、预告标志牌、级间转换标志牌等。

三、重要风险项点

1. 铁路专用设备应取得许可而未取得许可或许可条件不再具备；应进行检测检验而未进行检测检验；铁路专用设备存在缺

陷应召回而未召回仍投入使用。

2. 高速铁路和旅客列车运行区段信号系统设计错误、产品制造缺陷、列控或者 LKJ 数据错误等，造成联锁关系错误、信号显示升级、列车运行超速。

3. 与行车相关的铁路控制系统存在设计、制造缺陷。

四、提前介入质量控制标准

信号专业施工阶段提前介入质量控制标准见表 4-1。

五、信号工程施工进点条件

（一）设备用房应具备条件

1. 安装电务设备的房屋，如继电器室、计算机房、通信机械室、电源间等，必须已完成内部装修并经建设单位组织的检查预验合格。

2. 空调安装到位并调试良好。电务室内设备安装和前期调试已进入夏、秋季节时，须开启机房空调。

3. 设备防盗、防火、防水、防尘、防鼠害（如洞槽防火泥封堵、机房防盗门等）等措施已到位。

4. 站房综合防雷及电务设备用房的屏蔽系统建设工程已由建设单位组织房建、监理等单位检查预验，并已提供一份预验合格资料（含图纸、测试资料、隐蔽工程影像资料等）给设备维护接管单位。

5. 设备用房的室内设备工作环境（包括温度、湿度、照明等要求）符合设计及相关标准的要求。

表 4-1　信号专业施工阶段提前介入质量控制标准

项目	要点	检查标准	检查要求
信号机	通用要求	1. 信号机构应采用铝合金机构，矮型信号机顶部采用整体浇铸式；机构连接管、金属支架、梯子应采用粉末渗锌材料。	到场后核对设备厂家资质，并对相关设备进行抽查。
		2. 信号机采用短遮檐，并用加大垫片和六角螺栓固定。	开通前结合平推逐架检查。
		3. 信号机按规定地点安装，且符合相关限界要求。高柱信号机安装须满足安全距离的要求。	
		4. 信号机宜采用双灯泡，转换按钮、插片加装辅助线。	
		5. 各类信号机均应设置铭牌（推广使用非金属粘贴式），矮型信号机的铭牌设置在机构与立柱间，高柱信号机的铭牌挂在机柱的正面，底部距钢轨顶部 2 000 mm。	
		6. 点灯单元加装灯位标识牌。	开通前结合平推逐灯位检查。

续上表

项目	要点	检查标准	检查要求
信号机	通用要求	7. 电气绝缘节处的禁停标志牌，应安装在距列车运行方向发送调谐匹配单元盒中心（1 000±200）mm 处。	开通前结合平推逐器材检查。
		8. 预告标志牌设在进站信号机及防护分歧道岔的线路所通过信号机外方 900 m、1 000 m、1 100 m 处。但在上述信号机外方设有同方向通过信号机的区段，均不设预告标志牌。	开通前结合平推逐项检查。
		9. 进站信号机前方第一、第二架通过信号机的机柱上，应分别涂三条、一条黑斜线。	
		10. 区间信号标志牌及号码牌、预告标志牌、级间转换标志牌、中继站标志牌，原则上应安装在接触网支柱上，不满足标准时，安装在增设的镀锌金属柱子或防撞墙上；在隧道内可安装在防撞墙上或隧道壁上，并有补强措施。	
	安装要求	1. 信号机的设置、朝向、机构的型号、规格和灯光配列符合设计规定。信号机构应在靠近所属线路侧安装，保证在列车、车列上不至于被误认为邻线的信号机。	结合模拟试验、平推逐架检查。

续上表

项目	要点	检查标准	检查要求
信号机	安装要求	2. 进路表示器机构应安装在允许灯位的下方，应与其指示的线路开通方向一致。	结合模拟试验、平推逐架检查。
		3. 信号机建筑接近限界符合规范要求，所有信号设备均不得侵入建筑限界。	线路精调完成后，结合平推逐架测量、记录。
		4. 信号机应与钢轨绝缘节对齐，如安装困难时，可在以下范围内调整：	日常配合重点检查，开通前结合平推进行全面复查。
		（1）进站信号机、调车信号机处的钢轨绝缘可安装在信号机前方 1 m 或后方 1 m 的范围内。	
		（2）出站信号机处的钢轨绝缘可安装在信号机前方 1 m 或后方 6. 5 m 的范围内。	
		5. 固定螺栓从下向上穿，螺栓固定后必须加防松螺母，螺栓露出螺母不小于 5 mm。	
		6. 矮型信号机安装要求：	

续上表

<table>
<tr><th>项目</th><th>要点</th><th>检查标准</th><th>检查要求</th></tr>
<tr><td>信号机</td><td>安装要求</td><td>（1）矮型信号机安装高度、机构间距、基础埋深、安装限界应符合设计规定。矮型信号机安装限界如下表所示。当埋深达不到设计要求时，应采取加固措施。
路基上直线地段矮型信号机安装限界（mm）
<table>
<tr><th>序号</th><th>使用名称</th><th>型式</th><th>机构间距</th><th>基础埋深</th><th>基础顶面至轨面</th><th>设备边缘至所属线路中心</th><th>备注</th></tr>
<tr><td>1</td><td>进站</td><td>七灯位（双列）</td><td>340</td><td>500</td><td>100～150（四灯位连接管顶部高于轨面）；
315～350（三灯位连接管顶部高于轨面）</td><td>≥2 331</td><td>在线间距仅 5 m 时，可降低连接管高度</td></tr>
<tr><td>2</td><td>出站</td><td>三灯位</td><td></td><td>500</td><td>200～300</td><td>≥2 289</td><td></td></tr>
<tr><td>3</td><td>调车</td><td>二灯位</td><td></td><td>500</td><td>200～300</td><td>≥2 162</td><td></td></tr>
</table>
注：设于右侧的反向进站信号机机构，其红灯灯位应靠所属线路侧安装。</td><td>日常配合重点检查、测量、记录，线路精调后结合平推进行全面复查、测量、记录。</td></tr>
</table>

续上表

项目	要点	检查标准	检查要求
信号机	安装要求	（2）矮型出站信号机机柱顶面高出钢轨顶面 200～300 mm，机构最凸出边缘距所属线路中心应不小于 2 289 mm（高站台出站信号机机柱加高，机构底座与站台顶面平齐，建筑接近限界按高柱信号机设置，不小于 2 900 mm）。	日常配合重点检查、测量、记录，线路精调后结合平推进行全面复查、测量、记录。
		（3）矮型进站信号机四显机构顶面高出钢轨顶面 100～150 mm，三显机构最凸出边缘距所述线路中心应不小于 2 331 mm。	
		（4）矮型双机构信号机进路表示器，应安装在列车允许显示（绿灯）灯位下部连接器上，当表示器为一个时，表示器应安装在连接器的中部连接孔上；表示器为 2～3 个时，应以列车允许显示（绿灯）灯位中心为轴线，分清左右方向，其方向应与线路所在位置相一致。	日常配合重点检查，开通前结合平推进行全面复查。
		（5）信号机机构内部设备安装布置合理，设备安装牢固，不卡碰，各紧固件应上紧。信号机名称采用号码牌方式，号码牌应挂在基础正面。	

续上表

项目	要点	检查标准	检查要求
信号机	安装要求	（6）信号机线缆引入：	日常配合重点检查，开通前结合平推进行全面复查。
		①机构至箱盒间配线宜采用带护套的配线电缆，箱盒内部配线应采用 7×ϕ0.52 mm 多股铜芯绝缘软线。	
		②两端芯线采用铜线绕制线环做头并接触紧密，线头固定良好；不得有破损、老化、中间接头现象。	
		③绝缘软线在箱盒内、机构内部，绑扎整齐。	
		④信号机安装后根据电缆接线盒位置确定引线长度，集中预配线把。	
		（7）接地连接：矮型信号机在基础与机柱连接处采用截面积不小于 50 mm^2 的接地铜缆就近与接地端子或综合贯通地线连接，基础需高于设备围台。	
轨道电路	通用要求	1. 相邻轨道电路的极性（相位或频率）应交叉。	开通前结合平推全站测量、调整。

续上表

项目	要点	检查标准	检查要求
轨道电路	通用要求	2. 所有箱盒均不得侵入建筑限界，安装均应有防松、防脱措施。	日常配合重点检查、测量、记录，线路精调后结合平推进行全面复查、测量、记录。
		3. 钢轨钻孔时，应根据塞钉大小选用匹配钻具，电钻角度应与钢轨钻孔面垂直，确保孔眼合适并做好倒角工作，塞钉打入深度符合标准，不堆边。	日常配合重点检查，开通前结合平推进行全面复查。
		4. 同个箱盒内含有两个区段设备时，内部器材对应安装不得交叉，并在器材上粘贴标识。	
		5. 绝缘节处引线不得碰鱼尾板（轨道接头夹板）。有砟轨道区段箱盒处需用小枕木及绝缘卡固定良好，引接线过轨时每根钢轨轨底均需安装过轨卡防护。	
		6. 连接线长度需根据现场实际情况测量后定制、安装，ZPW-2000 系列轨道电路区段等阻线安装应采用 Y 形安装方式，走线不得成环。	

续上表

项目	要点	检查标准	检查要求
轨道电路	通用要求	7. 防撞墙至轨道板间悬空部分的钢轨引接线应延长落地，不能满足时应采用高强 PE 防护管防护；防护管安装采用防震措施，管口采用防磨损物件封堵，轨道板上采用绝缘卡具固定。	日常配合重点检查，开通前结合平推进行全面复查。
		8. 设备基础支架、连接螺栓、垫片等采用粉末渗锌处理。	
		9. ZPW-2000 系列轨道电路无砟路基地段设备防护罩边缘至钢轨内缘不应小于 1 500 mm。基础支架埋深为（600±50）mm。无砟路基地段轨道电路设备基础采用混凝土整体浇筑防护。	
		10. ZPW-2000 系列轨道电路有砟路基地段设备防护罩边缘至钢轨内缘不应小于 1 500 mm。基础顶面与钢轨底面平齐。有砟路基地段采用拼装式围台防护，围台顶面距基础顶面（200±50）mm。	
		11. ZPW-2000 系列轨道电路桥梁地段，基础应安装在防护墙外侧，调谐区长度为（32+0. 3）m，空芯线圈安装点至两端调谐匹配单元安装点距离为（16+0. 15）m。	

续上表

<table>
<tr><th>项目</th><th>要点</th><th>检查标准</th><th>检查要求</th></tr>
<tr><td>轨道电路</td><td>通用要求</td><td>12. 道岔分支并联线应设置双根，从道岔弯股末端（道岔弯股的轨道绝缘节）起，向岔心方向（道岔绝缘节）依次间隔设置，间隔不应大于 20 m，岔心间隔不应大于 30 m，两端部必须设置道岔分支并联线。道岔跳线及并联线采用截面积 95 mm² 带绝缘护套的钢包铜线。
<table>
<tr><th>序号</th><th>型号长度</th><th>单位</th><th>数量</th></tr>
<tr><td>1</td><td>95 mm²×0. 9 m 单端加长</td><td>根</td><td>2</td></tr>
<tr><td>2</td><td>95 mm²×1. 4 m 单端加长</td><td>根</td><td>1</td></tr>
<tr><td>3</td><td>95 mm²×1. 2 m 单端加长</td><td>根</td><td>1</td></tr>
<tr><td>4</td><td>95 mm²×0. 9 m 双端加长</td><td>根</td><td>4</td></tr>
<tr><td>5</td><td>95 mm²×1. 2 m 双端加长</td><td>根</td><td>1</td></tr>
<tr><td>6</td><td>95 mm²×1 m</td><td>根</td><td>2</td></tr>
<tr><td>7</td><td>95 mm²×1. 3 m 双端加长</td><td>根</td><td>1</td></tr>
<tr><td>8</td><td>95 mm²×1. 4 m</td><td>根</td><td>3</td></tr>
<tr><td>9</td><td>95 mm²×1. 8 m</td><td>根</td><td>1</td></tr>
<tr><td>10</td><td>95 mm²×4. 2 m</td><td>根</td><td>2</td></tr>
<tr><td>11</td><td>95 mm²×3. 1 m</td><td>根</td><td>2</td></tr>
<tr><td>12</td><td>95 mm²×3. 6 m</td><td>根</td><td>2</td></tr>
</table></td><td>日常配合重点检查，开通前结合平推进行全面复查。</td></tr>
</table>

续上表

项目	要点	检查标准	检查要求
轨道电路	通用要求	13. 补偿电容：	日常配合重点检查、核对，开通前结合平推进行全面复查。
		（1）站内轨道区段大于 300 m 时，应配置补偿电容。	
		（2）补偿电容安装编号、容量牌，从列车运行方向顺序编号。	
		（3）补偿电容间隔应根据设计图进行布点，同一区段内补偿电容为等间距安装，两端第一个补偿电容距调谐匹配单元或机械绝缘节距离为半间距 $\Delta/2$。	
		（4）补偿电容不得安装在无砟轨道两块轨道板的接缝处；有砟区段应在安装电容前，提前确认已设置电容枕。	
		（5）补偿电容连接线应采用钢丝编织胶管进行防护。	
		（6）补偿电容应全密封防护，引接线与钢轨连接应采用标准塞钉，区间每个区段正反向第三个电容使用双线双塞钉。	
		（7）补偿电容实际安装位置与理论计算位置允许偏差±650 mm，遇有应答器时，可调整电容位置，允许偏差±1 000 mm。	
		（8）补偿电容安装在轨枕板外侧立面上，用四根螺栓固定；最外侧螺栓距轨枕板外侧立面 60 mm。	

续上表

项目	要点	检查标准	检查要求
轨道电路	通用要求	14. 扼流变压器：	日常配合重点检查，开通前结合平推进行全面复查。
		（1）扼流变压器应加装防盗装置，两扼流变压器间采用一体化连接板，扼流变压器中心连接板与引接线处安装绝缘卡。	
		（2）扼流变压器采用截面积 95 mm^2 双根带绝缘外护套的单接头钢包铜等阻引接线；区间路基点等阻引接线长度为 2 200/3 900 mm；站内无砟区段等阻引接线长度为 2 200/3 900 mm；站内有砟区段等阻引接线长度为 2 200/3 900 mm。	
		15. 应答器：	
		（1）应答器应按编号安装在指定位置，安装顺序符合设计规定，安装应稳固，并不得侵入限界，符合应答器应用原则，固定螺栓安装齐全。	
		（2）应答器尾缆长度应符合现场实际需要。	
		（3）有源应答器底座采用防撞三角支架。	
		（4）有源应答器尾缆宜安装在列车运行的逆向位置。	
		（5）应答器安装时，应以 X 轴（与钢轨纵向平行的方向）、Y 轴（与钢轨纵向垂直的方向）、Z 轴（与钢轨平面垂直的方向）调整、定位。	

续上表

<table>
<tr><th>项目</th><th>要点</th><th>检查标准</th><th>检查要求</th></tr>
<tr><td>轨道电路</td><td>通用要求</td><td>（6）一般情况下，应答器周围应确保如下表所列的无金属距离。
应答器周围无金属距离
<table>
<tr><th>序号</th><th>名　称</th><th>参　数</th></tr>
<tr><td>1</td><td>从应答器中心至轨道横向无金属距离（Y 轴方向）</td><td>410 mm</td></tr>
<tr><td>2</td><td>从应答器中心沿着钢轨中心的无金属距离（X 轴方向）</td><td>315 mm</td></tr>
<tr><td>3</td><td>应答器下面的无金属距离，从应答器的 X 基准标记测量</td><td>210 mm</td></tr>
</table>
应答器一般安装在线路中部，安装指标应满足下表的要求。
应答器安装允许的角度偏移量
<table>
<tr><th>序号</th><th>名　称</th><th>参　数</th></tr>
<tr><td>1</td><td>以 X 轴旋转（倾斜）</td><td>±2°</td></tr>
<tr><td>2</td><td>以 Y 轴旋转（俯仰）</td><td>±5°</td></tr>
<tr><td>3</td><td>以 Z 轴旋转（偏转）</td><td>±10°</td></tr>
<tr><td>4</td><td>高度（应答器 X 基准标记与钢轨顶部距离）</td><td>93～150 mm</td></tr>
<tr><td>5</td><td>高度（应答器 X 基准标记与钢轨顶部距离）</td><td>93～150 mm</td></tr>
<tr><td>6</td><td>横向安装误差（在 Y 轴方向）</td><td>±15 mm</td></tr>
</table></td><td>日常配合重点检查，开通前结合平推进行全面复查。</td></tr>
</table>

续上表

项目	要点	检查标准	检查要求
信号集中监测	通用要求	1. 信号集中监测应考虑扩容杀毒、时钟同步服务器的节点数量。	系统调试阶段重点核对，开通前结合平推进行全面核对。
		2. 信号集中监测应设置智能分析平台，及时将设备异常信息通过声光进行报警。	
	监测内容要求	1. 将信号安全数据网管监控图纳入信号集中监测。	系统调试阶段重点核对，开通前结合设备平推全面核对。
		2. 联锁、列控机柜内独立电源具备开关量监测条件的，应纳入信号集中监测。	
		3. 智能电源屏电源模块状态应纳入信号集中监测。	
		4. 集中式 UPS 模拟量、开关量应纳入信号集中监测。	
		5. 蓄电池监测应纳入信号集中监测。	
		6. TSRS、RBC、CCS 电源屏状态应纳入信号集中监测。	
		7. 列控逻辑检查功能状态（开启和关闭）应纳入信号集中监测。	
		8. 道岔缺口监测应纳入信号集中监测。	
		9. 将各备用电缆（含贯通）对地绝缘测试纳入信号集中监测。	

续上表

项目	要点	检查标准	检查要求
信号集中监测	联网要求	1. 信号集中监测接入集团公司中心服务器。	系统调试阶段重点核对，开通前结合设备平推全面核对。
		2. 信号集中监测终端应接至信号工区和值班点、所属车间、专业车间和专业工区、段调度指挥中心。	
		3. 电源及设备房屋环境监控接至现场车间、段调度指挥中心，TCC 的监测终端应接至段调度指挥中心、专业车间和专业工区。	
		4. 信号安全数据网网管终端应接至段调度指挥中心、专业车间和专业工区。	
		5. CTC 终端应接至段调度指挥中心、专业车间。	
		6. 综合视频、DMS、车载设备管理信息系统应接至段调度指挥中心、专业车间和专业工区。	
道岔	通用要求	1. 转辙机、密检器需经电务段检测合格后方可上道使用，转辙机接点并用，入所修时同步完成。	出所前检修所自验，开通前结合设备平推全面复查。
		2. 转辙机防水满足电务段要求，杆件防护罩上必须安装带有道岔尺寸标准的道岔定位标记及道岔用途反光铭牌。	日常配合重点检查，开通前结合设备平推全面复查。

续上表

项目	要点	检查标准	检查要求
道岔	通用要求	3. 有砟提速道岔，需站前单位将挡砟板、道岔拉条安装齐全。	日常配合重点检查，开通前结合设备平推全面复查。
		4. 转辙装置各部位紧固件齐全，安装螺栓紧固并达到规定的力矩。	
		5. 转辙机基础托板应设置减震装置。	
		6. 道岔蛇管采用钢丝编织液压胶管，安装时必须落地。箱盒及道岔的引线孔处加胶堵且防护良好。	
		7. 转辙机及密贴检查器配线应采用多股铜芯阻燃塑料软线：内部配线标称面积不应小于 0.75 mm^2，外部配线标称面积不应小于 1.5 mm^2。	
		8. 道岔融雪控制柜基础、隔离变压器基础符合限界要求。基础螺栓相互间的距离、螺栓露出基础的高度应符合设备安装要求。	
		9. 电气控制柜基础应采用热镀锌金属材料。电气控制柜正面（柜门）应背对线路。	
		10. 线路所、站场 18 号及以上外锁闭道岔应加装自动注油装置。	设备调试阶段重点检查。
	道岔安装要求	1. 各部螺栓应紧固，开口销应齐全，开口销双臂对称，劈开角度为 60°~90°，各种连接杆的调整丝扣的余量，不得小于 10 mm。	日常配合重点检查，开通前结合设备平推全面复查。

续上表

项目	要点	检查标准	检查要求
道岔	道岔安装要求	2. 各部绝缘应安装正确，不遗漏，不破损，用 500 V 的兆欧表测量电阻不应小于 25 MΩ。	日常配合重点检查，开通前结合设备平推全面复查。
		3. 道岔尖轨与基本轨间有 4 mm 及以上间隙时道岔不得锁闭。	
		4. 电液转辙设备安装技术要求：	
		（1）转辙机的电源开关锁通、断电性能良好。通电时，摇把挡板能有效阻挡摇把插入摇把齿轮；当切断开关时，摇把能顺利插入摇把齿轮。电源一旦被切断，非经人工恢复不得接通电路；摇把齿轮的轴用挡圈无脱落现象。	
		（2）正常转换道岔时，滚珠丝杠动作平稳无噪声，摩擦联结器作用良好。速动开关通、断电作用良好。转辙机动作电流不大于 2 A（54 Ω），道岔因故不能转换到位时，电流一般不大于 3 A。转辙机内电动机、油泵、油缸、启动油缸、滚珠丝杆、动作杆、检测杆、齿轮组、锁闭块、操纵板等均应保持润滑，润滑材料应采用规定的油脂。	
		（3）检测杆的缺口调整应为指示标对准检测杆缺口中央，尖轨、心轨第一牵引点为（1.5±0.5）mm，其他各牵引点为（2±0.5）mm。定反位缺口均须按此规定调整。	

续上表

<table>
<tr><th>项目</th><th>要点</th><th>检查标准</th><th>检查要求</th></tr>
<tr><td rowspan="3">道岔</td><td rowspan="3">道岔安装要求</td><td>（4）外锁闭装置安装技术要求（以 18 号道岔 5 机牵引点为例），尖轨第一、第二、第三牵引点，心轨第一、第二牵引点外锁闭杆中心线处有 4 mm 及以上间隙时，道岔不锁闭，尖轨第一至第二、第二至第三牵引点密贴检查器间有 5 mm 及以上间隙时，道岔不锁闭或不接通表示。</td><td rowspan="3">日常配合重点检查，开通前结合设备平推全面复查。</td></tr>
<tr><td>（5）外锁闭装置的安装应符合施工安装要求，锁闭杆、锁闭铁等无毛刺、飞边，底漆或镀层均匀，无漏漆或漏镀。锁闭杆、锁闭铁及连接铁安装平直，可动部分在转动过程中动作平稳、灵活，无卡阻现象。</td></tr>
<tr><td>（6）道岔动程标准（以 18 号道岔五点牵引道岔为例）见下表。
道岔动程标准
单位为 mm
<table>
<tr><th colspan="3">转辙器</th><th colspan="3">可动辙叉</th></tr>
<tr><th>牵引点序</th><th>尖轨动程（开口量）</th><th>锁闭杆动程</th><th>牵引点序</th><th>心轨动程（开口量）</th><th>锁闭杆动程</th></tr>
<tr><td>1</td><td>160±3</td><td>220</td><td>1</td><td>115±1</td><td>220</td></tr>
<tr><td>2</td><td>118±3</td><td>170</td><td>2</td><td>57±3</td><td>150</td></tr>
<tr><td>3</td><td>71±3</td><td>150</td><td></td><td></td><td></td></tr>
</table></td></tr>
</table>

续上表

项目	要点	检查标准	检查要求
道岔	道岔安装要求	（7）外锁锁闭量要求（以 18 号道岔五点牵引道岔为例）：尖轨第一牵引点不小于 35 mm，两边锁闭量偏差不大于 2 mm。尖轨第二牵引点不小于 20 mm，两边锁闭量偏差不大于 2 mm。尖轨第三牵引点不小于 20 mm，两边锁闭量偏差不大于 2 mm。可动心轨辙叉第一牵引点不小于 35 mm，两边锁闭量偏差不大于 2 mm。可动心轨辙叉第二牵引点不小于 20 mm，两边锁闭量偏差不大于 2 mm。	日常配合重点检查，开通前结合设备平推全面复查。
	道岔融雪装置	1. 电气控制柜安装及配线：	日常配合重点检查，开通前结合设备平推全面复查。
		（1）电气控制柜及基础安装路基地段：	
		①电气控制柜与基础连接牢固，箱体平整。	
		②电气控制柜正面（柜门）应背对线路。	
		③电气控制柜最凸出边缘距线路中心一般情况下为 3 100 mm，特殊地段不得小于 2 440 mm。	
		④基础埋深 700～800 mm，基坑内基础底部整体采用高为 150 mm 的混凝土进行灌注，中部用原土回填，上部（路基面以下）采用高为 150 mm 的混凝土进行灌注；路基面以上采用高 150 mm 的砖砌混凝土围台，其周边比基坑周边宽 50～100 mm，顶面低于基础顶面（150±50）mm。	

续上表

项目	要点	检查标准	检查要求
道岔	道岔融雪装置	⑤在围台混凝土内的电缆用采用橡胶管防护，柜内穿线孔应密封。	日常配合重点检查，开通前结合设备平推全面复查。
		（2）电气控制柜及基础安装桥梁地段：	
		①电气控制柜安装在防护墙外侧。	
		②防护墙内侧壁到线路中心距离为 1 900 mm 时，箱门应面向线路。	
		③靠防护墙侧的支架基础采用 M20 通透式防松螺栓和补强板，固定在防护墙上，另一侧基础支架应置于电力电缆槽道内，底部用 M16 化学锚栓固定。	
		④防护墙内侧壁到线路中心距离为 2 200 mm 时，箱门应背向线路。金属基础采用 M20 通透式防松螺栓和补强板，固定在防护墙上，基础支脚底板应置于电缆槽道隔墙上。金属基础严禁跨桥梁伸缩缝。	
		⑤设备箱最凸出边缘距所属线路中心不得小于 2 440 mm，曲线地段按规定加宽。设备箱底部至电缆槽道间电缆应采用软管防护，电缆槽盖板处采用水泥浇筑方式处理，柜内穿线孔应密封良好。	
		⑥设备箱与基础连接牢固，箱体平整。	
		⑦如基础采用混凝土整体灌注时，基础下部应预留 2~3 根直径为 100 mm 的主干电缆通道和 2~5 根直径为 65 mm 的电缆引入通道。	

续上表

项目	要点	检查标准	检查要求
道岔	道岔融雪装置	（3）电气控制柜电缆引入：	日常配合重点检查，开通前结合设备平推全面复查。
		①引入电气控制柜的电缆应与柜体或角钢基础固定。	
		②电缆引入电气控制柜后，应保证柜体电缆引入孔处密封。	
		③从柜体下部引入的电缆，其最小弯曲半径不小于电缆外径的 20 倍。	
		④所有引入电气控制柜的电缆都应挂有去向铭牌。	
		（4）电气控制柜电缆配线：	
		①输入电力电缆线应压接接线端头后，再与输入电源配线端子进行连接。	
		②不得利用输入电源配线端子作为跨接端子。	
		③控制电缆做头余留量应满足重复做 3 次头。	
		2. 隔离电压器箱安装及配线：	
		（1）隔离变压器箱及基础安装路基地段：	
		①隔离变压器箱引入端子应面向所属道岔，设置位置应靠近电加热元件把手端。	

续上表

项目	要点	检查标准	检查要求
道岔	道岔融雪装置	②隔离变压器最凸出边缘距钢轨内缘不应小于 1 500 mm。	日常配合重点检查，开通前结合设备平推全面复查。
		③基础埋设应符合路基箱盒安装作业指导书的规定，有砟地段基础顶面应与钢轨底面相平。	
		④隔离变压器引出线应采用胶管防护，并用 Ω 形卡具固定在轨道板或道床板上。	
		（2）隔离变压器箱及基础安装桥梁地段：	
		①隔离变压器安装在防护墙外侧，引接线端子朝向线路侧。	
		②金属基础采用 M20 通透式防松螺栓和补强板，固定在防护墙上，基础支脚底板应支于电缆槽道隔墙的盖板上，且不悬空。	
		③金属基础严禁跨建筑物伸缩缝。	
		④隔离变压器底部距电缆槽盖板上表面（150±50）mm。	
		⑤防护墙至轨道板或道床板间悬空地段的隔离变压器引出线，应采用 UPVC 管防护，用 Ω 形卡具将 UPVC 管固定在轨道板或道床板上，Ω 形卡具与轨道板或道床板间用化学锚栓固定，化学锚栓增加防松螺帽。	

续上表

项目	要点	检查标准	检查要求
道岔	道岔融雪装置	（3）隔离变压器箱电缆引入：	日常配合重点检查，开通前结合设备平推全面复查。
		①电缆防护管应与箱体电缆引入管固定。	
		②电缆引入隔离电压器箱体后应保证箱体密封。	
		③电缆引入时，需确保胶管接头与箱体处有防水胶垫密封并确认防水胶垫完好；需确保胶管接头锁死电缆，不得留有间隙；如因电缆过细不能保证胶管锁死电缆，应更换尺寸合适的胶管接头胶圈来确保箱体密封。	
		④电缆引入后，需确保隔离变压器箱预留孔处的防水闷塞处于锁紧状态。	
		⑤隔离变压器间、隔离变压器与控制柜间电力电缆走信号电缆槽道时，需进行物理隔离。	
		⑥引入隔离变压器箱的电缆应悬挂去向标牌。	
		（4）隔离变压器箱电缆配线：	
		①隔离变压器输入、输出电缆应单独绑线把。电缆做头余留量应满足重复做3次头。电缆内护套去除长度应满足笼式弹簧端子配线要求。	

续上表

项目	要点	检查标准	检查要求
道岔	道岔融雪装置	②隔离变压器一次侧电缆配线应符合下列要求：截面积超过 10 mm^2 的导线不得使用笼式弹簧端子配线要求。截面积 10 mm^2 及以下多股导线如使用笼式弹簧端子配线，导线端头应压接接线帽。	日常配合重点检查，开通前结合设备平推全面复查。
		③隔离变压器二次侧电缆配线应符合下列要求：笼式弹簧端子配线应一孔一线，严禁将两根导线配在一个接线孔内。同一端子上的导线颜色应一致。	
		3. 电加热元件及电加热板安装：	
		（1）电加热元件安装：	
		①在电加热元件安装和配线前应用 500 V 兆欧表进行冷态绝缘测试，电加热元件中心电热材料和金属外壳间绝缘电阻不应小于 25 MΩ。	
		②在电加热元件安装前，应对安装部位的钢轨表面进行油污及锈层的打磨处理，并清洗干净。	
		③电加热元件直把手过渡段用专用卡具固定在轨腰上，与尖轨尖端距离不小于 100 mm。	

续上表

项目	要点	检查标准	检查要求
道岔	道岔融雪装置	④电加热元件应安装在基本轨（翼轨）内侧轨腰，两根平行的电加热元件间隙不应小于 20 mm，纵向同侧安装的相邻电加热元件间隙为 100~200 mm。	日常配合重点检查，开通前结合设备平推全面复查。
		⑤在每个轨枕间至少安装 1 组卡具对电加热元件进行固定，电加热元件与钢轨表面接触良好。	
		（2）电加热板安装：	
		①在电加热板安装前，应对安装位置周围的异物、油污进行清理。	
		②电加热板固定装置应与钢轨、钢槽或轨道板连接牢固。	
		③钢轨下部连接螺栓应采用防松螺帽。	
		4. 轨温传感器安装：	
		（1）轨温传感器安装在距控制柜最近道岔基本轨轨底、从岔尖往岔尾方向 2~3 m 的位置。	
		（2）轨温传感器安装前，应对安装部位的钢轨表面进行油污及锈层的打磨处理，并清洗干净。轨温传感器用带防松螺母的卡具与轨底连接紧密。	

续上表

项目	要点	检查标准	检查要求
道岔	道岔融雪装置	5. 融雪装置设备间的电缆应按下列要求配置和防护：	日常配合重点检查，开通前结合设备平推全面复查。
		（1）车站控制终端至电气控制柜、轨温传感器和控制柜间采用铁路数字信号电缆。	
		（2）电气控制柜至隔离变压器、电缆盒间应采用电力电缆。	
		（3）轨温传感器、隔离变压器的电缆露出部分应采用防护套管防护。	
		6. 室内控制终端：	
		（1）控制终端设备安装位置应与设计图相符，按照集成在控制台内设置。	
		（2）控制终端设备安装在防静电地板上时，设备下部应加装镀锌金属底座，底座高度应与防静电地板相平，底座与设备和地面连接牢固。	
		（3）无防静电地板时，控制终端设备应与水泥地面固定。	
		（4）融雪装置安装完毕后，应进行手动和自动控制试验，确认工作正常。	
		（5）线路引下双径路（沟槽或者引下钢槽）已经具备并安装牢固。	
		（6）机房外部双光电缆引入井及引入机房管孔已经完成且尺寸符合要求。	

续上表

项目	要点	检查标准	检查要求
电源设备	电力引入	1. 信号设备用电要求从电力部门的变压器直接到信号用防雷配电箱，中间不得设中间转接配电箱，信号机械室一路电源配一只配电箱，且电源监测箱单独设置（即信号机械室设三个箱，且三个箱外观、颜色一致，采用外挂式安装方式）。	安装前进行检查。
		2. 从电力部门引入信号机械室的电缆，要求在电力部门侧的电缆钢带或保护钢管接地。信号防雷开关箱电源零线、防雷地线、安全地线单独设置，一、二路电源零线分别引入设置，不能共用一个端子，信号防雷开关箱有配线图。	日常配合重点检查，开通前结合设备平推全面复查。
		3. 电力容量须满足信号电源使用需求，设计须明确信号电源开关箱断路器及电力提供信号电源断路器容量。	
		4. 远程终端的电源原则上从远端引入，近端电源屏施工不得影响远程终端的正常使用。远端与近端同线别同天窗时段的，远程终端电源可考虑近端电源供电。	施工方案阶段进行明确，施工过程中进行核对、试验确认。
	电源屏	1. 智能电源屏对计算机联锁、列控（含 TCC、RBC、TSRS）、信号安全数据网交换机、CTC、信号集中监测等系统及道岔表示电源、轨道电路电源等设备应独立供电，并采用冗余供电方式，不得共用模块。	施工方案阶段进行明确，系统调试阶段进行全面试验确认。

续上表

项目	要点	检查标准	检查要求
电源设备	电源屏	2. 设计须根据实际信号设备容量明确智能电源屏输入、输出配置。	日常配合重点检查，开通前结合设备平推全面复查。
		3. 电源屏输出线做到一线一孔，剥线长度合适，用途明确标识，合理弯曲，不碰门。	
		4. 裸露的电源端子应具备防触电保护措施。	
		5. 电源屏底部保持清洁，配线走向整齐。	
		6. 电源屏输出配置除常规输出外，应考虑增设道岔融雪控制终端、区间轨道电路监测及诊断系统、各种监测系统、电务监督系统、远程控显电源等设备的用电输出。	
	UPS	1. UPS 常规报警信息应接入电源屏的监测模块，并一同纳入信号集中监测。	日常配合重点检查，开通前结合设备平推全面复查。
		2. UPS 电池增加在线监测功能，电池架、柜应满足日常维护、测试检查的间距要求。	
		3. 蓄电池应具备防漏液保护措施；应配备对蓄电池状态进行监测的设备。	

续上表

项目	要点	检查标准	检查要求
电源设备	电源防雷箱	1. 电源防雷箱位置设置合理，外电源从上部引入，引出电源从下部走线，外电缆引入后需单独接地，电源箱Ⅰ、Ⅱ路电源标识清晰、准确。	日常配合重点检查，开通前结合设备平推全面复查。
		2. 外电网监测配线均接入外电网引入处。	
		3. 电源箱引入、输出孔必须用防火泥封堵。电源防雷、设备接地应分开设置。	
电缆	设计	1. 电缆线路宜采用“综合管线一张图”，充分利用 BIM 系统将四电、房建、给排水、信息等各专业集成在一张图上，合理布置各专业缆线、管路的路径。	日常配合重点检查；开通前结合设备平推重点抽查。
		2. 新建、改建铁路沿线的通信信号光电缆必须敷设在铁路防护栅栏以内，新建铁路干线光电缆应采用路肩电缆槽方式防护，确保光电缆通道安全。站台电缆敷设区域宜设置综合管廊。	
		3. 车站、线路所、中继站院墙至栅栏网的光电缆应采取防护措施。	
		4. 应明确电缆手孔井的分工。电力手孔井，通信信号电缆应直通并加装物理隔离；通信信号手孔井，电力电缆应直通并加装物理隔离；电缆手孔井应有防水措施，过轨孔设置不宜过低。	

续上表

项目	要点	检查标准	检查要求
电缆	设计	5. 新建T梁桥电缆槽应选通桥图（2017）2101-Ⅰ电缆水泥槽道。旧型T梁桥电缆槽在上跨公路、铁路及有声屏障处电缆槽必须内挂。电缆槽应采用SMC材质，槽内设贯通地线的应带隔离小槽并用水泥砂浆灌注。	日常配合重点检查；开通前结合设备平推重点抽查。
		6. 实现隐蔽工程资料管理，应绘制全要素电缆径路图，主要包括电缆和贯通地线敷设径路、准确记录电缆径路距线路距离和距显著地标物距离、位于路肩或坡底、防护措施及埋深、过轨位置、过桥涵位置、穿越道路位置和电缆盒位置、电缆余量位置等详细信息。	
		7. CTC系统远程终端或集控整合时，通信和信号设计应同步出具光缆径路图和组网方案图。	
		8. 当路基地段的电缆槽与桥梁、隧道地段的电缆槽相接时，应在路基地段采取电缆槽或电缆井方式顺接过渡。电缆槽过渡范围应避开路基边坡的检修通道或与检修通道统筹设计。	

续上表

项目	要点	检查标准	检查要求
电缆	设计	9. 整体道床与路基衔接段，施工图中应明确贯通地线与综合接地体的接、断方案。	日常配合重点检查；开通前结合设备平推重点抽查。
		10. 桥梁采用整体桥面布置时，应将贯通地线埋设于电缆槽下方防水保护层内，通过防水保护层进行物理隔离防护；桥梁采用外挂隔板电缆槽时，应将贯通地线敷设于分割的小槽内并水泥浇筑防护，与信号电缆分槽敷设，通过电缆槽隔板进行物理隔离防护。	
		11. 隧道地段贯通地线应敷设于通信信号电缆槽内，并采取水泥砂浆包封的方式进行物理隔离。	
		12. 线路两侧的贯通地线应进行横向连接，并符合下列规定： ①路基地段宜每 500 m 连接一次，横向连接线应与贯通地线同材质、同截面。 ②桥梁地段应利用每孔梁端部的横向接地钢筋实现两侧的贯通地线横向连接。 ③隧道地段应利用二次衬砌的环形接地钢筋实现两侧的贯通地线横向连接。	

续上表

项目	要点	检查标准	检查要求
电缆	施工	1. 电缆敷设应采用专用敷缆车、专用支架及专用滑轮组，余留应采用S弯专用模具盘留，电缆敷设完毕后，每间隔100 m应用绝缘钢扎丝绑扎，并挂标牌将各电缆进行明示。电缆房电缆引入口或出口处，应用砖混堵孔，不留缝隙，做好防鼠防水措施；每根电缆上应采用打印或刻绘去向铭牌进行标识，标明用途、去向、长度、芯数等。机房间的隔离应采用防火材料进行封堵。机械室电缆引入口应使用透明静电地板。	日常配合重点检查，开通前结合设备平推全面复查。
		2. 桥梁、隧道、路基过渡段应使用槽道顺接，确保不外露。明确电缆槽内采用砂袋防护电缆的处所，桥梁伸缩缝处必须加装满足阻燃要求的电缆防护槽和盖板，防护槽应与原电缆槽单端固定或采取其他防窜动措施。不得采用铁质盖板且符合防掀要求。	
		3. 手孔井处通信信号与电力电缆槽道应物理隔离，且电力电缆应在下方设置。	
		4. 无砟区段电缆槽道内贯通地线应设置在防水层下方，有砟区段贯通地线应设置在电缆槽下方。隧道内贯通地线在信号电缆槽内敷设时，每间隔50 m应用C形卡固定后再进行水泥包封。	

续上表

项目	要点	检查标准	检查要求
电缆	施工	5. 电缆应单端接地，主干电缆应在信号楼侧成端接地，接地的设备必须引入贯通地线，分支电缆大于 300 m 的应在靠信号楼侧接地。设备接地线至接地端子应全程用橡胶管（套）进行防护。	日常配合重点检查，开通前结合设备平推全面复查。
		6. 一次成端应设在电缆间（中继站未设置电缆间的应采用电缆成端箱）。二次成端应设在电缆成端柜内，并设置在防雷分线间内。信号电缆一次成端、二次成端对地电流应纳入监测，成端上下 20 cm 应粉刷防火涂料。	
		7. 有交叉施工且槽道未盖板的电缆应采用砂袋、复合槽等防护措施。	
		8. 信号电缆不得与电力电缆、贯通地线、吸上线、横向连接线、接触网支柱地线及引接线交叉或同槽，必须交叉、穿越时应采取物理隔离措施。	
		9. 信号上下桥光电缆应采取深埋及钢槽、砖砌混凝土电缆槽道防护，电缆槽下端部距地面埋深不应小于 0.5 m，地面以上电缆槽外部应采用砖砌混凝土包封防护，砖砌高度不应小于 2 m（油饰黑白相间斑马线），周围 3 m 内安装高度不低于 2 m 的护网防护，下桥光电缆至信号机械室的电缆径路两侧各 1.5 m 范围内应使用水泥硬面，避免周围生长杂草。	
		10. 有砟区段过轨处应在钢轨上安装电缆过轨标识，电缆径路埋设电缆标桩。	

续上表

项目	要点	检查标准	检查要求
电缆	施工	11. 电缆接续宜采用箱盒接续。	日常配合重点检查，开通前结合设备平推全面复查。
		12. 应答器数据传输电缆必须经现场定测后按实际长度埋设，不宜接续。	
		13. 无砟地段的融雪设备、密贴检查器电缆应预埋过轨钢管。	
		14. 电缆盒应采用栓接端子，第二螺母应采用防松螺母。	
		15. 电缆隐蔽工程台账应清晰、准确，与实际处所一一对应；施工完成，应第一时间与设备维护单位共同验收确认后，方可交付设备维护单位。	
		16. 末端电缆应采用 8 芯及以上电缆。	
		17. 贯通及备用电缆应在分线盘及箱盒上端子并进行明示，空位置不够的应进行标牌明示。	
		18. 箱盒电缆引接线、槽道间等落差处敷设电缆时，应采取防护措施，避免电缆悬空或受力。	
		19. 贯通地线的敷设应符合下列通用规定：	
		（1）敷设前应清理沟槽，确认内部平坦、无杂物。	
		（2）弯曲半径不得小于贯通地线外径的 15 倍。	

续上表

项目	要点	检查标准	检查要求
电缆	施工	（3）不得压、折、摔、扭曲贯通地线，不得在地上拖拉贯通地线。	日常配合重点检查，开通前结合设备平推全面复查。
		20. 路基地段的贯通地线、分支引接线和横向连接线敷设应与路基施工同步进行，并符合下列规定：	
		（1）路基、土质及软质岩路堑地段，贯通地线应埋设于距基床底层顶面或电缆槽底面 300~400 mm 处；贯通地线上方应覆盖不少于 100 mm 厚填料后，方可进行正常的路基填筑和机械压实作业。	
		（2）硬质岩路堑地段，贯通地线应埋设于电缆槽下方约 200 mm 处，沟中回填细粒填料。	
		（3）贯通地线在路基填筑期间宜整段埋设，路基填筑时应预留深度和宽度略大于贯通地线直径的沟槽，敷设的贯通地线周围应回填夯实。	
		（4）分支引接线和横向连接线的敷设与贯通地线相同。	
		（5）边坡防护施工前，应将分支引接线埋设于边坡防护层下，并与灌注在电缆槽侧面的接地端子尾端连接。	

续上表

项目	要点	检查标准	检查要求
电缆	施工	21. 桥梁地段的贯通地线应按下列规定敷设：	日常配合重点检查，开通前结合设备平推全面复查。
		（1）桥梁采用整体桥面布置时，贯通地线应敷设在通信信号电缆槽底部的保护层内。即在防水层粉刷后，再敷设贯通地线，贯通地线与接地端子应连接后再进行保护层施工。	
		（2）桥梁地段为外挂隔板电缆槽时，贯通地线应敷设在电缆槽里的独立小槽内。	
		（3）在桥梁的伸缩缝处，贯通地线应考虑余量，并采用阻燃绝缘套管防护。	
		22. 隧道地段的贯通地线应敷设于线路两侧电缆槽内靠线路侧直角处，并采用水泥砂浆封灌的方式，包封水泥面至贯通地线所在电缆槽角落的厚度应不小于 5 cm。	
		23. 贯通地线接续及其与分支引接线、横向连接线的连接应采用 2 个 C 形压接件，并采取防腐措施；C 形压接件的间距应符合相关规定。	
		24. 贯通地线的接线处应设地线接续标识。路基地段可标识在电缆槽盖板上，桥梁、隧道地段可标识在防护墙或隧道侧壁上，其他直埋地段应有接续标。信号点处应预留贯通地线接地端子并设置标识，接地端子应固定良好，接地电阻应不大于 1 Ω。	

续上表

项目	要点	检查标准	检查要求
信号楼及室内设备	生产用房	1. 不设信号工区的车站应配套信号值班间、材料间、油料间。	施工图审查时重点核对，及时、充分提出信号专业合理需求。
		2. 设信号工区的车站根据车站规模应配套相应办公及生活用房。	
	信号机械室	1. 信号机械室应采用独立信号楼方式，预留信号大修倒替层，不采用综合站房设置信号机械室的方式。信号机房标高须考虑防洪需求。电源屏室、电缆间、防雷分线柜间应独立设置。防雷分线柜间与信号机房设置防火门。	施工配合过程中重点检查，开通前进行全面复查。
		2. 中继站、线路所机房应考虑防洪要求，不应设置在周边的泄洪区、隧道内，同步配套汽车通道。中继站、线路所检修通道门应就近设置。	
		3. 信号机械室的门采用钢质防火门；窗户采用单框双层玻璃封闭窗，并符合《电子信息系统机房设计规范》（GB 50174）的有关规定；窗帘采用防紫外线窗帘；照明采用 LED 面板灯。静电地板下面要求铺设普通地砖；静电地板采用釉面防静电地板。	施工配合过程中重点盯控。
		4. 信号机械室采用机房专用空调并预留安装位置。	

续上表

项目	要点	检查标准	检查要求
信号楼及室内设备	信号机械室	5. 信号机械室设计时，预留径路最短且足够大的电缆引入口。	根据施工图纸测算电缆引入口尺寸，并为后期改造留有预量。
		6. 信号机械室及中继站的下走缆采用爬架式布线。	技术标准、技术交底时明确，施工配合过程中重点盯控。
		7. 信号机房在底层时底部及机房内均不得设置水管和空调出水管。信号机房顶部上方不得设置卫生间、洗手间、茶水炉及房顶不得预埋水管、水箱。信号机房在底层时底部地面需要有压密注浆等加固措施，防止地面下沉。	施工配合过程中重点检查，开通前进行全面复查。
		8. 信号机房应符合消防要求，设置气体灭火装置（七氟丙烷）。	
		9. 信号设备各房间应具备电源及设备房屋环境监控功能。	
	室内要求	1. 信号楼、线路所和中继站设置独立的电缆间（不能设置电缆井），电缆间大小满足入楼电缆余量要求。	施工配合过程中重点检查，开通前进行全面复查。

续上表

项目	要点	检查标准	检查要求
信号楼及室内设备	室内要求	2. 室内设备布局在符合设计前提下，需征得电务段同意，满足标准化机房的建设和日常维护需求。	施工配合过程中重点盯控。
		3. 室内装修统一采用釉面防静电地板、静电地板下部铺设地砖、入户门需安装可拆卸高度在 300 mm 以上的不锈钢防鼠板，如平房或底层均应设窗户铁栅。	
	联锁、列控、CTC	1. 控制台及远程控制终端交换机应采用两路独立电源，分别与联锁机及工控机的电源一致。	
		2. 联锁、列控接口架设相应的正负电源，便于测试；联锁、列控机柜到接口架备相应的驱动、采集线缆；从机柜到组合架引接口电源的应双环。	施工配合过程中重点盯控，系统调试、模拟试验阶段重点核对。
		3. 远程控制终端交换机与近端交换机采用不同物理径路的光缆双环连接。	施工配合过程中重点盯控，系统调试阶段重点核对。
		4. 列控机柜至移频柜应敷设 CAN 线备用缆。	
		5. 设置集中式 UPS 车站，联锁、列控、CTC 等系统应不再设置小 UPS（信号集中监测除外）。	

续上表

项目	要点	检查标准	检查要求
信号楼及室内设备	联锁、列控、CTC	6. 机柜内使用的串联型、并联型防雷必须带有可视化的劣化标志。	施工配合过程中重点盯控，开通前结合设备平推全面复查。
		7. 联锁、列控机柜至接口架应敷设备用驱采缆线，联锁、CTC 至控制台应敷设设备用视频、音频、网线、电源及鼠标电缆。	
		8. 列控中心和轨道电路载频、码序正确，工作稳定。列控工程数据和软件版本稳定。	督促项目部及施工部门尽早准备好基础数据，静态验收前及时报批。
		9. CTC 系统具备列车进路办理和运行显示等功能。	
		10. LKJ 基础数据、CIR 线路数据做好换装准备。	
设备接地	室外设备接地	1. 室外设备的接地设置、连接符合设计要求。	施工配合过程中重点盯控，开通前结合设备平推全面复查。
		2. 室外设备外缘与接触网带电部分 5 m 范围内的信号金属结构和设备应与综合接地端子或贯通地线连接。	
		3. 室外设备的金属外缘与基础网带电部分的距离不小于 2 000 mm；与回流线距离不小于 1 000 mm，当距离不足 1 000 mm 时回流线应加绝缘防护，但不得小于 700 mm，该设备粘贴警示标示。	

续上表

项目	要点	检查标准	检查要求
设备接地	室外设备接地	4. 室外设备接地点距接地端子较近时，分支地线与综合接地端子采用栓接方式；距综合接地端子较远时，分支地线与贯通地线采用T形连接方式，T形连接的两个压接环间距为45~50 mm。地线压接或栓接处采取防腐处理。	施工配合过程中重点盯控，验收合格方可进行下一道工序，开通前结合设备平推重点抽查。
		5. 室外电缆的屏蔽和接地应符合要求。	
		6. 室外信号设备接地连接采用并联连接方式。设备集中处应设置分支接地引接线。	施工配合过程中重点盯控，开通前结合设备平推重点抽查。
		7. 信号电缆的钢带、铝护套、内屏蔽护套应单端接地，单端接地的电缆长度不得超过1 000 m，当电缆总长度超过1 000 m时，中间应采用地面端子式对接盒方式单端接地连接一次。	施工配合过程中重点盯控，验收合格方可进行下一道工序，开通前结合设备平推重点抽查。
		8. 引入箱盒的电缆钢带、铝护套环接后，用两根7×ϕ0. 52 mm铜芯塑料软线使用螺丝栓接（不得使用U形卡）后引至方向盒内接地端子，内屏蔽层用截面积1. 5 mm^2扁平铜网环接后接至方向盒内接地端子。	
		9. 箱盒的接地端子应就近与综合接地端子或贯通地线连接，连接线应采用截面积不小于50 mm^2铜导线。	

续上表

项目	要点	检查标准	检查要求
设备接地	室外设备接地	10. 矮型信号机的金属基础就近与综合接地端子或贯通地线连接，连接线应采用截面积不小于 50 mm^2 铜导线。高柱信号机梯子安全地线连接端子需高出硬面化，不得埋在土中。	施工配合过程中重点盯控，开通前结合设备平推全面复查。
		11. ZPW-2000 系列轨道电路设备的防雷接地连接应符合设计及技术标准要求。	
		12. 接地引接线与接地端子的连接应牢固可靠，端子无松动，引接线露出地面部分应进行防护。	
		13. 信号设备接地处应增加接地标识，路基地段标识在电缆槽盖板上，桥梁地段标识在防护墙上。	
	综合接地	1. 路基、桥梁、隧道：	施工配合过程中重点盯控，开通前结合设备平推全面复查。
		（1）接地端子与电缆槽同步形成。	
		（2）室外桥面、路基、隧道地段通信、信号设备用综合接地端子，预留在电缆槽壁上，并有明显标识。	
		（3）中继站基础、接地网综合接地端子，应预留在基础侧壁上。	

续上表

项目	要点	检查标准	检查要求
设备接地	综合接地	(4) 基站、直放站接地网综合接地端子。	施工配合过程中重点盯控，开通前结合设备平推全面复查。
		(5) 综合接地完成后，设置位置和接地阻值符合设计要求，并经站前站后的监理和施工单位共同签字验收。	
		2. 房建：接地端子与房建同步形成，网格地线与基础同步建成，预留锚栓、滑道、相应的接地端子。	
		3. 桥梁：	
		(1) 预留锚栓、滑道按设计位置、规格与路基施工同步完成，按照设计要求全部验收完毕。	
		(2) 箱梁电缆引下的锯齿孔，箱梁和桥墩上预留的缆槽用爬架滑道齐全，易于查找。	
		4. 隧道内采用后置锚栓固定形式。	

续上表

项目	要点	检查标准	检查要求
设备接地	室内设备接地	1. 电源防雷箱的安装位置及方式、接线方式符合设计文件要求。浪涌保护器的安装位置和方式符合设计要求。	施工配合过程中重点盯控，开通前结合设备平推全面复查。
		2. 等电位接地端子板/排的安装符合下列要求：	
		（1）电缆金属护套接地、电源防雷接地、传输通道防雷接地、安全保护接地的等电位端子板/排应独立设置，并与房屋内房建专业预留接地端子连接。	
		（2）等电位接地板/排应采用 30 mm×3 mm 铜排，等电位接地端子板/排不得形成闭合回路，相同用途的等电位端子板/排应采用分支并联方式与室内设备连接，不同用途的设备接地端子与等电位端子板/排不得交叉连接。	
		（3）接地线上严禁设置开关、断路器。接地线与压接端子、铜排与铜排连接应牢固可靠，端子无松动，接地线无破损。	
设备安装	箱盒安装	1. 路基地段箱盒安装条件：路基或桥面平面高度已确定。	施工配合过程中重点盯控，不具备条件不得安装。

续上表

项目	要点	检查标准	检查要求
设备安装	箱盒安装	2. 调谐区设备及标志牌测量安装条件：线路里程标已确定，接触网杆已安装。	施工配合过程中重点盯控，不具备条件不得安装。
		3. 防护墙、电缆槽达到规定标准。	
		4. 桥隧地段箱盒安装条件：桥梁防护墙或隧道电缆槽施工完毕。桥梁地段的基础安装在防护墙外侧，基础支架严禁跨桥梁伸缩缝安装。	施工配合过程中重点盯控，开通前结合设备平推全面复查。
		5. 箱盒安装必须满足限界要求，箱盒硬面外沿距枕木头不小于 1 000 mm。	设备安装后及时测量、记录，线路精调后结合平推全面复测。
		6. 箱盒的安装高度必须符合电缆弯曲半径要求。	施工配合过程中重点盯控，不具备条件不得安装；开通前结合设备平推全面复查。
		7. 箱盒基础采用粉末渗锌金属。	施工配合过程中重点盯控，开通前结合设备平推全面复查。

续上表

项目	要点	检查标准	检查要求
设备安装	箱盒安装	8. 室外电缆钢带、铝护套、内屏蔽护套应采取单端接地方式，主管做接地预留。当电缆总长度超过 1 000 m 时宜在中间采用地面接续盒方式接续。	施工配合过程中重点盯控，开通前结合设备平推全面复查。
		9. 方向盒、XB 箱内接地铜排固定接地线的螺栓，必须使用不锈钢的弹簧垫片。	
	室内设备安装	1. 室内设备安装前，设备用房的门、窗、吊顶、静电地板、防雷地线等附属工程完成。	施工配合过程中重点盯控，不具备条件不得安装。
		2. 沟槽管线预留规格、位置准确。	
		3. 具备施工电源和试验电源：	施工配合过程中重点盯控，开通前结合设备平推全面复查。
		（1）机柜底座与柜体尺寸匹配、颜色 PANTONE 428C。机柜底座应按照室内设备布置图布置。当地面铺设防静电地板时，底座高度为 295 mm。同排的底座前面应在同一直线上，主通道侧的纵向侧面应在同一直线上。底座应安装牢固。	
		（2）机柜固定在底座上，并连接牢固。机柜应与地面垂直。相邻机柜间隙应紧密靠拢，连接牢固。	

续上表

项目	要点	检查标准	检查要求
设备安装	室内设备安装	（3）机柜上走线架应采用铝合金走线架。走线架安装应横平竖直，拼接成一条直线；走线架不应形成环状。走线架闭合时，排间必须进行绝缘处理。走线架之间连接应严密，走线架与各机柜连接应牢固。下走线架应固定在防静电地板下。下走线架应与上走线架同材质。	施工配合过程中重点盯控，开通前结合设备平推全面复查。
		（4）机柜、层、位及设备应设置铭牌，标识完整清晰、颜色统一。	
		4. 继电器防松条采用不锈钢油毡式，需按继电器位数定长，防松条安装孔应提前钻好。继电器室所有器材（电源屏、分线盘、接口架、组合架、变压器、电阻、电容、电子盒、测试盘等），采用铭牌标识，标明端子用途，分线盘备用电缆芯线与室外一一对应挂牌。每个继电器前后用铭牌标明继电器名称、型号；分线盘、接口架、组合架、电源屏排架铭牌正确，粘贴于分线盘、组合架等上方中央。	
		5. 零层电源端子必须加装弹垫防松。18 柱端子采用弹垫或双帽防松措施，且有明确的端子板编号。	
		6. 所有机柜（含电源屏等设备）底座对应的防静电地板下面要安装热镀锌承重角钢支架；机柜与支架间加装绝缘板，组合架上部走线槽亦应保持排间绝缘良好，不能形成小环。	

续上表

项目	要点	检查标准	检查要求
设备安装	室内机柜配线	1. 室内机柜、设备之间及内部的配线，其规格、型号应满足设计文件规定。机柜内组合与组合之间采用蓝色线，机柜与机柜之间采用绿色线，机柜与分线柜之间采用红色线，机柜与接口柜之间采用黄色线，监测线采用紫色线，地线采用绿黄相间线。室内所有设备铭牌采用蓝底白字。	施工配合过程中重点盯控，开通前结合设备平推全面复查。
		2. 各种布线全部采用阻燃型。线条不得有中间接头和绝缘破损现象。	
		3. 布放线缆时，应留有适当的做头备用量，配线、电缆应排列整齐。放线前使用 BIM 系统绘制线缆布放图，避免线缆交叉，禁止出现环状；走线架内按照电源、发送、通用线（架间、接口柜、分线柜）、接收、信号集中监测等分开布线。	
		4. 线缆与端子连接使用焊接时，不得使用带腐蚀性焊剂，焊接牢固，焊点应光滑、饱满，无毛刺、假焊、虚焊现象。	
		5. 当线缆与端子的连接采用弹簧接线端子时，截面积小于 1 mm^2 的多股铜芯软线应采用冷压端帽插入端子，压接牢固、接触良好。当线缆与端子的连接采用压接方式时，应选用与芯线相配套的压接端子，且压接牢固。压接线环及焊接端子片，均应套有打字号码套管保护，套管与线环或端子间松紧适度，套管长度均匀一致。	

续上表

项目	要点	检查标准	检查要求
设备安装	室内机柜配线	6. 线把绑扎应线扣整齐、间隔均匀、松紧适度，表面线条和出线部位应顺直美观。剖切电缆时，不得损伤芯线外层绝缘。室内所有焊线空位加装绿色绝缘帽，全封闭。室内电源端子增加绝缘防护帽，红正蓝负。	施工配合过程中重点盯控，开通前结合设备平推全面复查。
		7. 继电器、综合柜等配线使用尼龙扎扣绑扎，扎扣高度一致。	
		8. 室内架间配线采用上走线方式，内部需铺设阻燃垫且在走线槽内按排架分束。软线不采用下走线方式。上、下走线槽走线拐角处均应采用保护垫的方式对软线进行防护。组合架外侧面走线时，走线应绑扎固定。室内至行车室等需下走线时，采用槽道防护或走线托架，如果不设防静电地板，则要求房建施工单位预留地沟。	
		9. 焊接配线采用穿焊方式，一律使用松香作焊剂，不得使用带有腐蚀性焊剂。焊接必须牢固，焊点光滑，无毛刺、假焊、虚焊现象。	
	轨旁设备安装	1. 调谐匹配单元（ZPW·PT）、机械绝缘处的空芯线圈所属区段的频率应与设计图纸一致。	施工配合过程中重点盯控，结合图实核对全面复查。

续上表

项目	要点	检查标准	检查要求
设备安装	轨旁设备安装	2. 调谐区设备及扼流变压器的金属基础支架不得安装在桥梁伸缩缝处，不得安装在无砟轨道板的接缝处。	施工配合过程中重点盯控，开通前结合设备平推全面复查。
		3. 在简单横向连接或不设横向连接时，在空芯线圈中点与地线间串接防雷单元。防雷单元与空芯线圈中点连接线采用截面积 10 mm^2 铜导线，防雷单元就近与综合接地端子或贯通地线连接，应采用截面积 50 mm^2 铜导线。	
		4. 线路铺设完毕，轨面标高达到标准，大机养护结束，钢轨已经锁定完成。	施工配合过程中重点盯控，不具备条件不得安装。
		5. 轨枕板平整，钢轨铺设完毕，里程标、标高正确。	
		6. 机械绝缘（含侵限绝缘）安装完毕。	
		7. 相关轨道线路连通。	
		8. 绝缘扣件不得造成轨道电路短路。	
		9. 其他专业在轨道上安装设备考虑轨道电路电气特性，如车辆部门安装 5T、6T 设备等。	

续上表

项目	要点	检查标准	检查要求
设备安装	轨旁设备安装	10. 需要过渡的设备或施工方案，必须有过渡设计。	相关人员必须严格按照规定程序审查、组织、实施。
标志牌	区间信号标志牌及号码牌	1. 区间信号标志牌（蓝底黄三角）及号码牌（黑底黄字），与线路垂直安装。区间信号标志牌黄三角顶端指向线路；号码牌应安装在区间信号标志牌的下方。	施工配合过程中重点盯控，开通前结合设备平推全面复查。
		2. 区间信号标志牌及号码牌安装于列车正向运行方向左侧发送调谐匹配单元盒外方（1 000±200）mm 处。按原则安装在接触网支柱上，不满足标准时，安装在增设的镀锌金属柱子或防撞墙上；在隧道内可安装在防撞墙上或隧道壁上，并有补强措施。	
		3. 区间信号标志牌及号码牌为整体时，整体标志牌下边缘距钢轨顶面高度为（1 400±15）mm。	
		4. 调谐区标志牌安装在调谐区两端，调谐区标志牌与调谐匹配单元（ZPW・PT）纵向距离为（1 000±200）mm。Ⅰ型（白底）标志牌设于信号点调谐区的另一端，与区间信号标志牌背对背安装。Ⅲ型（蓝底）标志牌设于分割点调谐区两端，两个Ⅲ型标志牌背对背安装。	

续上表

项目	要点	检查标准	检查要求
标志牌	其他标志牌	1. 预告标志牌分别为一、二、三条黑斜杠的白底标志牌，三个预告标志牌应安装在进站信号机外方不小于 900 m、1 000 m、1 100 m 处就近接触网支柱上。	施工配合过程中重点盯控，开通前结合设备平推全面复查。
		2. 级间转换标志牌采用白底色、黑框、写有黑“C3”或“C2”或“C0”标记的反光标志牌。级间转换标志牌应设于级间转换应答器组对应的就近接触网支柱上，在隧道内应安装在隧道壁上。	
		3. 中继站标志牌装设于中继站应答器组邻近的接触网支柱上，该标志牌不宜越过相应的应答器组。	
		4. 接触网支柱上的区间信号标志牌及号码牌，不得与其他专业安装在接触网支柱上的设备发生位置冲突。	
		5. 所有螺栓采用双螺帽，外部是一个防松螺帽。螺栓露在螺帽外不小于 5 mm。	
		6. 安装支架宜采用热镀（渗）锌支架并固定牢固。	
		7. 信号标志牌图案显示应清晰明显，便于瞭望。标志牌应完整、无缺损。	

（二）室外设备安装条件

1. 施工地段的结合部工程（如贯通地线、光电缆沟槽、过轨管线铺设，配套电容、电气枕抽换，应答器安装地段护轮轨切割，道床电阻等电特性指标等）已由建设单位组织站前站后施工、监理和设备维护接管单位进行了前期初验，并形成了验收纪要，存在的问题得到了整改。

(1) 桥梁、路基地段，同一区间的电缆槽及衔接部分的槽道已同步建成并贯通。

(2) 同一区间预留的手孔（井）已完成，过轨管道与手孔（井）之间已连通，并预留钢丝保持管道畅通。

(3) 桥梁、路基地段，经过手孔、水沟、路堑、边坡到设备房电缆井的电缆槽、管道应贯通，并在路基、护坡形成前已完成。

(4) 站台电缆槽及出口与相关通道同步建成并贯通；车站站台电缆槽至机械室电缆间的引入槽道（或防护钢管）已同步形成。

(5) 电缆引入信号设备机房（包括电缆井、引入通道等）具备电缆敷设条件。

(6) 桥梁上预留的锯齿孔、电缆槽用爬架滑道齐全。

2. 转辙设备的安装工程须在线路大机养路基本完成，且道岔挡砟板已安装牢靠后实施。

（三）设备进场条件

1. 根据国铁集团四电设备上道管理和抽验的要求，通信、信号相关设备必须在完成单机检测后方可进场安装。

2. 设备运至现场时，由施工单位通知监理、设备维护接管单位到场共同查验相关抽检报告，并对运达设备的有关技术资料、图纸、说明书以及随运的工器具和备件进行登记造册，移交设备维护接管单位并办理移交手续。施工单位需使用时另行向设备维护接管单位办理领用或借用手续。

3. 以上电务工程施工进点条件，应由建设单位组织，站前站后施工、监理、设备维护接管单位共同确认。

六、结合部问题

介入人员要根据实际工程进度，重点关注专业工程间结合部，联合施工单位、监理及其他专业介入人员开展结合部检查，提前发现并消除结合部问题。

（一）信号专业与通信专业

通信专业为信号专业提供列控系统用光纤、CTC 系统用传输系统 2M 接口或光纤、信号集中监测系统用传输系统 10M FE 接口。

1. 车站。光纤：干线光缆在通信机械室 ODF 架上直接熔接（不成端），提供室内光缆至信号机械室 ODF 架。2M 线缆：通信布放 2M 线缆至信号机房，由信号专业指定位置。

2. 信号中继站。干线光缆分歧引入信号中继站，在通信 ODF 架上直接熔接（不成端），提供室内光缆至信号机械室 ODF 架。2M 线缆：通信布放 2M 线缆至信号设备侧，由信号专业指定位置。

3. 至信号机房列控系统光纤、CTC 系统 2M 线缆或光纤应利用不同径路分别布放。承载联锁、CTC 远程控制业务的光缆先引入通信机械室。

4. 与行车相关的各通信子系统，具备信号安全数据网通信条件。GSM-R 电磁环境干扰清频、频率申请、初步网优工作满足列控及 CTC 系统调试条件。

（二）信号专业与接触网专业

1. 信号专业根据接触网专业提供的电分相区段位置、长度，合理布置应答器，避免应答器设在分相区，实现动车自动过分相。

2. 信号区间通过信号机与接触网支柱基础相冲突时，由接触网专业与行车专业结合，在计算行车布点时由行车专业统筹考虑。吸上线、轨道电路横向连接线的位置设置，信号专业与接触网专业协调设计。

（三）信号专业与电力专业

1. 各车站、线路所、信号中继站、综合工区/车间等传输节点均由电力专业提供二路电源至信号机房，并设置双电源配电箱。

2. 电力专业应为信号系统提供一级负荷的电源，电力专业提供电源至信号电源防雷配电箱电源端子引入处。

3. 电力电缆与信号电缆交叉地段应采取隔离防护措施，避免强、弱电电缆同沟、交叉。

（四）信号专业与工务专业

1. 桥、隧、路基地段，同一区间的光电缆槽及衔接部分的过渡槽道应同步贯通，盖板同步到位；桥梁、隧道过渡段电缆槽道接缝处存在高差的，根据现场实际情况制定方案，确保电缆敷设平顺，盖板防护作用良好；电缆通过桥梁接缝处时，应在电缆槽道断开处增加防护措施，防护槽应与原电缆槽道单边固定或采取其他防窜动措施；对沿线有电缆槽盖板的电缆槽道，应采用砂袋防护。

2. 钢轨锁定是信号轨旁设备安装调试的关键前提。施组中应充分考虑信号轨旁设备安装调试时间，在钢轨、道岔精调锁定后工期宜为 1~2 个月。

3. 有砟轨道铺轨前，应提交电容枕、电气绝缘枕、磁钢枕及钢轨胶接绝缘的设计位置，避免轨道工程达标后二次更换。

4. 信号设备涉及的钢轨打孔，在钢轨完成应力放散及锁定后实施，并严格按规定做好倒棱及质量验收工作。

5. 无砟轨道过轨预留。无砟站场，尤其是高架站，信号专业应向线路专业提出需求，由线路专业在无砟轨道板内预留过轨管。

6. 车站咽喉区和道岔梁按敷设电缆需求加宽电缆沟，避免电缆沟强、弱电电缆同沟、交叉等问题。

7. 机械绝缘节要避开车站道岔梁端及小阻力扣件与常阻力扣件交界（避开梁端 10 m、交界 15 m），避免钢轨位移影响胶接绝缘。

8. 敷设放缆弃土处置。路肩挖沟放缆时，产生的弃土应该妥善处置，防止随意丢弃造成道床边坡脏污。

9. 轨旁设备设置位置。轨旁设备的位置选择应综合考虑后期大修施工作业的影响，有砟地段必须保证后期大机清筛满足作业限界要求。

（五）信号专业与房建专业

1. 信号设备房屋不得有水管经过，避免因水管爆裂损坏信号设备。按相关规范配备机房专用空调、消防等设备，在室内设备布置图中要准确体现空调、消防设备位置，空调、消防设备不得占用维修通道。

2. 房建施工单位应按时间节点要求及时交付四电用房及相关通道，房屋应满足防雷接地、防潮、防尘、防水等交付要求。

3. 接地端子与房建同步形成，网格地线与基础同步建成，预留锚栓、滑道、相应的接地端子。站前专业施工期间电务提前介入，确保防雷、接地符合标准要求。

4. 中继站、直放站光电缆井预留的引入口必须与电力电缆引入口分开，光电缆井排水良好。

5. 车站站台光电缆槽及至机械室光电缆间的引入槽道（或防护钢管）应同步形成。

6. 边坡到设备房光电缆井的槽道、管道应贯通，并在路基、护坡形成前完成。

七、档案资料

施工阶段设备维护接管单位需建立以下档案资料：

1. 验收依据编制成册（国家标准、铁道行业技术标准、国铁集团规章等图书类资料整理备用，施工图纸另行存档）。

2. 施工单位检查评定记录和监理单位验收记录、质量检验报告、合格证，以及进场检验时的检查记录和配送清单等复存并整理成册。

3. 设备器材入所检测、测试记录。

4. 建设单位组织结合部工程前期检查确认记录（会议纪要或记录、问题单、确认单等）。

5. 工程配合工作中形成的有关文件、电报、协议、合同、会议纪要以及影像资料（如照片、录像等）。

6. 各施工地段过程抽查检验记录表。

7. 工程配合工作中发现问题的提出、解决记录（问题库等）。

第四节　通信专业工作要点

一、一般事项

主要包括通信线路、通信设备、网管要求、机柜要求、机房房屋建设、视频监控、箱盒安装等事项。

二、重要项点

1. 通信线路：光缆敷设、槽道等。

2. 通信设备：通信通道、系统设备、电源、铁塔及天馈线、网管终端等。

3. 网管要求：网管服务器、客户端、显示器、KVM 等。

4. 机柜要求：规格、结构、颜色、材质等。

5. 机房房屋建设：通信机房、布线、照明、机房院落、光电缆引入井、建筑防火、地线等。

6. 视频监控：控制箱、摄像机、视频缆线等。

7. 箱盒安装：路基、桥梁、隧道地段通信箱盒安装条件等。

三、重要风险项点

1. 铁路专用设备应取得许可而未取得许可或许可条件不再具备；应进行检测检验而未进行检测检验；铁路专用设备存在缺陷应召回而未召回仍投入使用的。

2. 高速铁路和旅客列车运行区段通信系统设计错误、产品制造缺陷、数据配置错误等，造成业务无保护或保护不完善、设备无法入网、影响既有网络的。

3. 与行车相关的铁路控制系统存在设计、制造缺陷的。

四、提前介入质量控制标准

通信专业施工阶段提前介入质量控制标准见表 4-2。

五、通信工程施工进点条件

（一）设备用房应具备条件

1. 安装通信设备的房屋，如通信机械室、电池室等，必须已完成内部装修并经建设单位组织的检查预验合格。

2. 空调安装到位并调试良好。通信室内设备安装和前期调试已进入夏、秋季节时，须开启机房空调。

3. 设备防盗、防火、防水、防尘、防鼠害（如洞槽防火泥封堵、机房防盗门等）等措施已到位。

表 4-2　通信专业施工阶段提前介入质量控制标准

项目	要点	检查标准	检查要求
通信线路	光缆布放及防护	1. 同径路或同槽道敷设 2 条及以上光电缆（包括信号光缆）时，应在外护套上采用不同颜色彩条标识，并使用凹印方式注明规格型号、线路名称、用途。	光缆进场检验。
		2. 光缆接头盒：	全过程盯控光缆敷设施工，槽道内确保通信，重点对接头盒位置信息、桥梁接缝处光缆防护进行检查。
		（1）光缆接头盒应在槽道内固定。	
		（2）每条光缆的接头盒应按照站间上行至下行方向顺序统一编号，标记公里标、上下行、区间、接头号。	
		（3）接头盒附近应做明显标记，高架桥上使用反光漆将接头盒标记喷涂在防撞墙上。	
		（4）竣工资料中应包含光缆接头盒的 GPS 定位信息、距上行接触网杆号及距离等信息。	
		3. 光缆在桥梁接缝处应安装长度不小于 500 mm 的 SMC 防火阻燃材料槽道（带盖），并单侧固定于桥体，相关线缆应穿套与线缆线径相适应的高压夹布橡胶管，胶管长度应从保护点（桥梁接缝中间位置）向两端各伸出不小于 1 000 mm。	
		4. 严禁通信光电缆与电力电缆同沟同槽敷设；光电缆引入井内电力、通信光电缆之间应进行防火隔离。	

续上表

项目	要点	检查标准	检查要求
通信线路	光缆布放及防护	5. 光缆自高架桥引下时，应采用钢槽防护，地面以上 2.5 m 部分应采用水泥包封，喷涂通信光缆标识；光缆从干线槽道引接至通信机房，应采取双径路、PE 管或钢管防护敷设方式，径路间距不小于 3 m。	光缆自桥上引下后现场检查。
	光缆引入防护接地	1. 光缆应通过通信引入间进入机房，并进行防火封堵。	分别在光缆引入完成及成端后检查封堵及相关施工工艺。
		2. 引入间内应安装光缆盘留架，光缆必须加装绝缘节，固定在托架上并做好接地。	
		3. 引入间内光缆应加挂光缆标牌。	
		4. 充油电缆引入机房时应加装冷封胶，并使用热缩管塑封。	
		5. 光电缆引入机房后在成端配线架处，固定加强芯弯钩和接地装置应单独接引防雷地线，并与配线架机柜做绝缘处理。	
	光电缆径路标识	1. 车站综合布线槽、综合管沟内通信光电缆在径路变化时应设置标识，检查口、电缆井内通信光电缆设置防水标识。	站区、区间机房光缆布放后及时对径路核实并检查标识。

续上表

项目	要点	检查标准	检查要求
通信线路	光电缆径路标识	2. 通信管道穿越铁路、河道时，应在两侧设置人（手）孔；人（手）孔位置不应设置在建筑或单位的门口、低洼积水地段。	站区、区间机房光缆布放后及时对径路核实并检查标识。
		3. 车站机房及区间机房光电缆径路上不适宜埋设标桩和警示牌的区域，需沿径路增加地标明示径路位置。	
通信设备	通信设备设施配置标准	1. 为满足网管监控、现场维护、备件支持、应急处置要求，本线工程同类型、同技术要求的设备均应统一采用同厂家、同型号设备。	设备进场检查。
		2. 各系统设备主控板、电源板、时钟交叉板等核心板件应冗余热备份，业务接口板应 N+1 配置。	
		3. 各系统业务接口板光模块应满配；全部业务接口均应在配线架上成端；业务接口数量应按不少于 50% 预留。	
		4. 综合接入设备（含交换机等）应实现配置管理、告警管理、性能管理、历史记录查询等网管功能。	
		5. 室内应采用成品防鼠铠装光纤跳线。	
		6. 接入网应采用 GPON 技术。	

续上表

项目	要点	检查标准	检查要求
通信设备	通信设备设施配置标准	7. 多个基站同站址设置时，各基站设备配套传输设备应独立设置，电源设备应双套设置且单套电源设备容量应满足整个机房设备用电负荷，并预留 30% 容量。	设备进场检查。
		8. 通信机房地线排材质应为红铜，尺寸应分别不小于长 500 mm、宽 50 mm、厚 4 mm。	
	通信业务通道配置	GSM-R、CTC、TDCS、有线调度通信、客票、旅服等与行车直接相关的重要业务至调度所、GSM-R 核心网机房、客票中心等重要节点的通信通道均应由不同径路、不同设备分担承载。	对各业务通道申请进行审核。
	通信网管终端功能	1. 数据通信网应具备入侵检查、入侵防御、流量监测、业务质量智能分析等网络安全防护及监测功能。	设备进场检查，安装调试完成后对其功能进行核实。
		2. 综合视频监控系统应采用云存储等主流存储技术；宜采用云平台架构；应具备视频图像质量诊断功能。	
		3. 应设置网络安全防护系统，实现网络通信、网络边界、用户访问、应用和数据安全防护等功能。	

续上表

项目	要点	检查标准	检查要求
通信设备	网管网元名称	传输、无线、视频监控等各系统设备命名以及竣工资料的线路公里标均应采用运营公里标。	网元纳入网管后核实名称，并核验竣工资料。
	通信设备机柜布放	通信机房内设备机柜与墙间隔应不小于900 mm，设备机柜前后间隔应不小于900 mm。	机柜布放前对机房布局图进行审核。
	通信电源设置	1. 交流引入电源：	对设计文件、技术规格书进行审查。设备进场检查。
		（1）通信机房（含直放站机房）应具备由供电专业直接接引的双路供电引入条件，设备用电、照明空调用电应分别设置交流引入配电箱，并嵌入墙体安装。	
		（2）配电箱内在外电引入端子处设置空开，并需预留接发电机的端子。	
		（3）照明空调配电箱应具备自动和手动双路切换功能，备用220 V、32 A空开不得少于2个。	
		（4）灾害监测系统设备与通信设备共用机房时，灾害监测系统设备宜采用单独的配电回路，并在通信机房内设置独立的配电箱且纳入电源及设备房屋环境监控系统。	

续上表

项目	要点	检查标准	检查要求
通信设备	通信电源设置	2. 通信设备交、直流供电系统设置：	对设计文件、技术规格书进行审查。设备进场检查。
		（1）铁路通信枢纽、通信网管中心、GSM-R 网络核心节点等一类通信机房通信电源，交流供电系统应采用独立双总线 UPS 供电或并联冗余 UPS 供电工作模式，宜采用 STS 装置为重要的单电源通信设备供电。	
		（2）直流供电系统应采用直流双系统供电工作模式。	
		3. 通信机房内蓄电池架排列平整稳固，电池架安装位置应距墙间隔不小于 600 mm，电池多层双排摆放，电池上层底部与下层顶部间距不小于 200 mm。	
	铁塔及天馈线漏缆设置	1. 塔身 6 m 以下应加装防盗螺栓。	铁塔组立后进行现场检查。
		2. 对单管塔周围 800 mm 圆形、四柱型铁塔塔靴外延 1 000 mm 矩形范围内地面应进行硬化，并做散水处理。采用混凝土硬化时，厚度不小于 100 mm，内高外低，坡度不小于 5%。	
		3. 避雷器应设置于室外，保护地线应独立引接到室外地线箱，室外地线箱的母地线接入院落水平接地网。	

续上表

项目	要点	检查标准	检查要求
通信设备	铁塔及天馈线漏缆设置	4. 馈线走线架应采用热镀锌的 50 mm×5 mm 角钢，并接入铁塔保护地；走线架在机房侧应略高于铁塔侧。	对馈缆、漏缆布放及引入全过程跟工，确保符合工艺要求。
		5. GSM-R 系统天线功分器应设置在通信机房内。	
		6. 馈线：	
		（1）采用走线架引入，馈线应通过馈线密封窗导入室内。	
		（2）馈线离塔长度在 10 m 以内时，需在馈线离塔及机房入口处外侧 2 处将馈线外导体就近接地。	
		（3）馈线离塔长度在 10～60 m 时，需在馈线离塔处、馈线中部及机房入口处外侧 3 处将馈线外导体就近接地。	
		（4）馈线离塔长度超过 60 m，每增加 20 m，应增加一处馈线外导体接地防护。	
		（5）馈线进入机房前应有避水弯。馈线拐弯应圆滑均匀，弯曲半径不小于馈线外径的 20 倍（软馈线的弯曲半径不小于其外径的 10 倍），避水弯最低处应低于馈线窗下沿不小于 50mm。	

续上表

项目	要点	检查标准	检查要求
通信设备	铁塔及天馈线漏缆设置	7. 隧道口及隧道间漏缆敷设原则：	对馈缆、漏缆布放及引入全过程跟工，确保符合工艺要求。
		（1）隧道内漏缆敷设应延伸至隧道口（含隧道延伸的明洞等）并向外延伸 10 m。	
		（2）两隧道口（如有隧道延伸的明洞，以明洞口为准）间距不超过 250 m，应采用漏缆贯通覆盖方式覆盖该区段。	
		（3）如相邻隧道内有漏缆监测装置，应将该区段漏缆纳入监测范围。	
		（4）隧道外漏缆应采用全不锈钢材质吊具。隧道内公网洞室设备走线采用爬架方式，并用钢扎带绑扎固定。	
	车间管控分中心网管终端设置	1. 新建传输、数据网、GSM-R 等系统在车间管控工区新设复示终端只具备查询功能，不具备配置修改功能，接入车间综合网管终端。	各通信子系统接入网管终端后核实各系统网管是否按要求在现场车间设置。

续上表

项目	要点	检查标准	检查要求
通信设备	车间管控分中心网管终端设置	2. 新建接入网、电源及环境监控、综合视频监控、直放站、铁塔监测、漏缆监测等系统如与所在车间既有设备为同一厂家，应纳入既有网管终端，如属不同厂家，应新设网监室网管终端。	各通信子系统接入网管终端后核实各系统网管是否按要求在现场车间设置。
		3. 综合视频监控、直放站、铁塔监测等系统应在网管中心设置复示终端；其中高速铁路、客运专线线路的传输、直放站应同时在 G 网车间设置复示终端；建设集团公司电源及设备房屋环境监控综合分析平台，新建线路电源及设备房屋环境监控系统纳入平台管理，实现对本线监控异常数据及告警等信息的综合分析。	
	基站频率资源配置原则	1. 应充分调研本线、兼顾交越、并线区段相关线路的运输生产需求，按以下优先保障业务顺序原则合理规划、配置基站频率资源：列车运行控制、重载业务；车机联控；调度命令、进路预告、无线车次号信息传送；其他语音业务；其他分组域业务。	参加联调联试大纲编制及审查。
		2. 宜采用单载频配置方案，解决优化交越、并线区段频率资源紧张、网内干扰严重问题。	

续上表

项目	要点	检查标准	检查要求
通信设备	分布式基站RRU设置原则	1. 设计运营时速 300 km 及以上的高速铁路，RRU 间距应小于 1. 5 km。	施工现场全过程跟工检查。
		2. RRU 与 BBU 之间的主备冗余通道应采用异径路光缆通道，宜采用环形组网并考虑双 RRU 设备频点及认证许可等相关内容。	
网管要求	网管服务器	1. 网管服务器配置应根据不同网管类型纳入相应既有传输、数据网、专业网管云系统中。	设备进场检查。
		2. 新增网管云计算资源配置不低于既有计算资源配置。	
		3. 所带客户端、北向接口应有 2 个以上的预留。	
		4. 网管服务器 TPC 处理能力、硬件配置应不超过所承载网管软件 50% 运行能力。	
		5. 网管服务器（终端）各类软件应安装正版，双电源、双接入、三网卡、刀片式服务器。	

续上表

项目	要点	检查标准	检查要求
网管要求	客户端	网管客户端配置应纳入桌面云系统中。新增桌面云、桌面终端配置不低于既有配置。	对技术规格书审查，设备进场检查。
	显示器	规格应统一，应设置液晶显示器，内置音箱，显示比例 4∶3 正屏，具备 HDMI 接口，支持 USB 扩展功能，具体型号现场勘查确定。	设备进场检查。
	KVM	应满足与既有 KVM 系统完全兼容的要求，具备声光告警及管理功能，具体型号现场勘查确定。	设备进场检查。
机柜要求	规格要求	设备机柜尺寸应选用 600 mm×600 mm×2 200 mm、600 mm×800 mm×2 200 mm 以及 600 mm×1 200 mm×2 200 mm 三种规格。	设备进场检查。
	结构要求	1. 机柜层板深度应与机柜深度匹配，安装高度和位置应可调，便于安装和拆卸；标准型层板承重不小于 40 kg，加强型层板承重不小于 80 kg。	设备进场检查。
		2. 机柜采用上、下走线相结合方式；进线口应设置网罩。	
		3. 机柜门采用单门、右开方式，并预留通风孔。	

续上表

项目	要点	检查标准	检查要求
机柜要求	颜色要求	1. 集团公司木樨地枢纽通信机房的机柜应为黑色（颜色：哑光 RAL 9011）。	设备进场检查。
		2. 新建线区间、车站通信机房的机柜应为灰色（颜色：PANTONE 428C）。	
		3. 既有机房的机柜宜与既有机柜颜色一致。	
	材质要求	1. 机柜主要承重部件（框架、横梁、立柱、U 位方孔条、L 形支架、层板等）所使用的钢板厚度应不小于 2.0 mm，机柜其他部件（门、侧板、顶板、底板、备板等）所使用的钢板厚度应不小于 1.5 mm，机柜顶端可标识设备厂家名称、设备型号，不可标识代理商名称。	设备进场检查。
		2. 设备机柜表面应工厂加工喷涂；机柜涂覆层、绝缘部件及其他附属部件均应采用阻燃或不燃材料。	
		3. 2M 同轴头及连接器件应为全铜材质，且同轴镀金部件镀金层厚度不小于 2 μm。	

续上表

项目	要点	检查标准	检查要求
机房房屋建设	机房环境设备安装及光电缆布放	1. 机房环境设备安装：	房建交付房屋后进行现场检查。
		（1）车站通信机械室（站房整体规划除外）、区间通信机房应不设窗户，机房门应密闭保温、防火、防盗、防尘。	
		（2）区间通信机房应为框架或砖混结构，房屋设置位置应远离地质灾害区域，房屋结构应利于机房防水，尽量避免与卫生间、消防管路等存在漏水隐患的相关房屋及设备设施相邻。	
		（3）车站通信机房内应预留不少于 10 个机柜安装位置，区间通信机房应预留不少于 5 个机柜安装位置，以满足后期工程扩容、设备更新倒替需要。	
		（4）车站、区间通信机房地面应铺设釉面、非玻化地板砖，并加装防静电地板。机房高度应符合《铁路房屋建筑设计标准》（Q/CR 9146）的规定。机房内烟感探测器安装高度应距防静电地板不大于 3 m。通信机房进门处设置防静电桩。	

续上表

项目	要点	检查标准	检查要求
机房房屋建设	机房环境设备安装及光电缆布放	2. 光电缆布放：	机房内配线架安装跟工，安装完成后检查。
		（1）通信机房内应采用上下结合的走线方式，上走线架布放网线、同轴电缆、光纤跳线、射频线缆及架间信号控制线缆。	
		（2）下走线架布放电源线、地线及引入光电缆。	
		（3）布线时应预留一定走线量。	
		（4）走线架相关要求应符合《高速铁路通信工程细部设计和工艺质量标准》（Q/CR 9520）的规定。	
		（5）缆线布放采用走线槽方式时，应采用镀锌钢槽，厚度应不小于 2 mm。	
	机房照明	1. 机房照明应采用 LED 灯并安装在机柜前后两侧。	现场检查。
		2. 中间站机房照明水平面照度不低于 500 lx（水平面照度指距地面 750 mm 处的测定值）。	
		3. 区间基站、电力所亭等机房照明水平面照度不低于 300 lx。	

续上表

项目	要点	检查标准	检查要求
机房房屋建设	空调设置	1. 通信机房（车站、基站、电力所亭等）应独立设置2台机房空调。	设备进场检查。
		2. 空调应具备湿度调节、冷暖自动转换等功能，并具备接入电源及设备房屋环境监控系统及远控的条件。	
		3. 空调宜采用分体式柜机。	
		4. 室外机宜安装在机房东侧或北侧，并应加装可拆卸防尘滤网，室外机安装于院落外侧时应加装方便开启式防盗护网。	
	区间通信机房院落	1. 通信基站、直放站围墙：	日常跟工检查，站前单位施工完成后现场检查。
		（1）通信基站、直放站等处所应设高度不小于2.5 m实体围墙和具有防盗功能（不通透）的院门，院门下方应设置防鼠网。	
		（2）围墙上方应设高度不小于700 mm（其中有200 mm向外倾斜45°角）的金属防护网或铁蒺藜。	
		（3）围墙应设置排水孔，排水孔应有防鼠网。	
		（4）围墙大门应开在铁路护栏网外侧方向。	

续上表

项目	要点	检查标准	检查要求
机房房屋建设	区间通信机房院落	2. 区间通信机房、院落围墙周围应设置散水，非干旱地区护坡需铺设渗水砖。	日常跟工检查，站前单位施工完成后现场检查。
		3. 机房院落场坪应采用方砖硬化，方砖下三七土厚度不小于 300 mm；院落内的光电缆径路上宜铺设红色方砖以标识光电缆走向。	
		4. 院内应分别修建不同径路的电力、通信槽道各 2 条，内与机房引入井、箱变引入井相连，外引至院墙斜坡下坡脚，以满足箱变电缆、通信光缆的引入条件；槽道宽 300 mm、深 300 mm，坡度应为内高外低、不小于 5%，两侧做防鼠封堵。	
		5. 机房院落地面应高于院外地面，利于排水；机房房屋内地面宜高于院落地面 300~500 mm，机房门口应设置台阶、挡鼠板（高度 500 mm）。	
		6. 院门右侧挂设防腐、防盗标识牌，标识牌长 500 mm、宽 300 mm，内容包括机房名称（基站名称）、公里标、维修单位名称、维修联系电话，蓝底白字、宋体。	
		7. 院落和机房门锁应采用防水、防锈锁芯，加装大于锁体 3 倍的防腐、防水罩。	
		8. 通信院落、机房外墙应统一刷灰色涂料。	
		9. 通信机房设计有窗户的必须安装遮阳防火窗帘。	

续上表

项目	要点	检查标准	检查要求
机房房屋建设	区间通信机房院落	10. 直放站、基站等区间设备采用一体化机柜、箱式机房时，应具备烟感、水浸、门禁、温湿度、电源及空调（如有）等监测功能；相关功能应纳入电源及设备房屋环境监控系统或直放站、基站网管系统。	设备进场检查，安装调试后核实各项功能。
	通信机房消防配置	1. 所有机房在符合建筑防火设施配置要求基础上，应配置二氧化碳灭火器，消防换气设施应满足机房防尘要求。	现场检查设备功能及性能。
		2. 设置七氟丙烷灭火装置的机房，应具备手/自动转换按钮，紧急启动按钮设置于房屋外侧门旁并加装勿动防护罩。	
	通所道路	沿线通信机房应修建维修进场通道，宽度应不小于 3 m，满足维护需求。	站前施工完成后现场检查。
	通信生产房屋标准	1. 枢纽车站通信机房面积不小于 160 m^2，一般车站机房面积不小于 120 m^2，区间通信机房面积不小于 60 m^2，全线通信机房设置通信光电缆引入间，每处面积不小于 10 m^2。	房屋交付后现场检查。
		2. 通信机房设置单独电池室，信号楼通信电池室面积 30 m^2，区间基站、变电所通信机房、中继站等通信机房电池室面积 20 m^2。不具备消防设施的引入间及电池室，应按要求配置灭火器。	

续上表

项目	要点	检查标准	检查要求
机房房屋建设	通信生产房屋标准	3. 车站信号楼通信机房宜独立设置。	房屋交付后现场检查。
		4. 新建车站应新设通信值班室和备品间，每间面积不小于25 m^2。	
		5. 动车所应设置通信备品间，线路所应设置通信值守间，每间面积不小于20 m^2。	
视频监控	控制箱	1. 控制箱及附属部件材质、尺寸要求：	现场检查复核。
		（1）铁塔：厚度不低于1 mm，不锈钢材质，尺寸不小于宽640 mm×高720 mm×厚230 mm；其他：厚度不低于1 mm，不锈钢材质，尺寸不小于宽400 mm×高500 mm×厚230 mm。	
		（2）抱箍：厚度不低于5 mm的热镀锌钢板。	
		（3）螺栓：采用M16六角不锈钢螺栓，螺栓长度为安装后螺纹露出长度不小于15 mm，控制箱固定螺栓直径不应小于14 mm，云台固定螺栓直径不应小于12 mm。	

续上表

项目	要点	检查标准	检查要求
视频监控	控制箱	2. 控制箱内部布局要求：	现场检查复核。
		（1）内部空间布局合理，便于器件散热和维护。	
		（2）控制箱中安装底座的螺丝孔为 U 形孔，便于期间位置微调。	
		（3）多个摄像机接入一个控制箱的，每个摄像机要单独设置空开，电源适配器要平铺式布局。	
		3. 控制箱安装工艺要求：	
		（1）院落、救援疏散通道、作业门等线路外视频杆控制箱采用抱箍固定在视频杆上；安装完成后控制箱顶端高度距作业面 1.7 m。	
		（2）咽喉区、隧道口等线路上的视频控制箱采用抱箍固定在视频杆上；安装完成后控制箱顶端高度距作业面 1.7 m；所有固定采用双螺母（加装防盗螺母）加弹平垫方式，并加装插销防脱。	
		（3）设置在接触网上的视频控制箱采用抱箍固定在视频杆上，视频频控制箱应背向来车方向；安装完成后控制箱顶端高度距作业面 1.7 m；所有固定采用双螺母（加装防盗螺母）加弹平垫方式，并加装插销防脱。	

续上表

项目	要点	检查标准	检查要求
视频监控	摄像机	1. 摄像机附属部件材质要求：	现场检查复核。
		（1）支架：热镀锌钢板材质，厚度不低于 6 mm。	
		（2）接头盒：不锈钢材质，厚度不低于 1 mm。	
		（3）法兰盘：热镀锌钢板材质，厚度不低于 6 mm。	
		（4）螺栓：采用 M16 六角不锈钢螺栓，螺栓长度为安装后螺纹露出长度不低于 15 mm。	
		（5）抱箍：厚度不低于 5 mm 的热镀锌钢板。	
		2. 摄像机安装工艺要求：	
		（1）铁塔摄像机：两个激光摄像机对角安装，确保铁塔负载均衡，球机安装在近线路侧；摄像机至控制箱间线缆采用 HDPE 管防护。HDPE 管采用不锈钢卡具固定方式。	
		（2）路基段视频、咽喉区等线上摄像机：安装时螺丝冲下安装；摄像机线缆采用 HDPE 防护管，防护管采用抱箍固定；所有固定采用双螺母（加装防盗螺母）加弹平垫方式，并加装插销防脱。	

续上表

项目	要点	检查标准	检查要求
视频监控	摄像机	（3）救援疏散通道、院落摄像机：安装时螺丝冲下安装；摄像机线缆采用HDPE防护管，防护管采用抱箍固定；所有固定采用双螺母（加装防盗螺母）加弹平垫方式，并加装插销防脱。	现场检查复核。
		3. 摄像机安装高度：	
		（1）铁塔重载云台摄像机安装高度为高于轨面15~20 m。	
		（2）路基段接触网杆上安装摄像机高度为高于轨面2.5 m，距离接触网回流线距离应大于2 m。	
		（3）线路附近视频杆塔摄像机安装高度原则上高于轨面2.5 m，院落内视频杆塔摄像机安装高度原则上高于地面2.5 m；杆塔高度根据现场需要，摄像机一般安装在距离顶板30 cm处。	
	视频缆线	1. 视频防护线管、视频杆塔及控制箱穿线孔洞应可靠封堵，防止雨水浸入侵蚀。	现场检查复核。
		2. 摄像机终端的线缆应留有余量，以免影响摄像机的转动；摄像机的光纤、控制线及电源线均应进行固定；电源线不能与视频线、控制线等弱电线路同管。	

续上表

项目	要点	检查标准	检查要求
视频监控	视频缆线	3. 视频线缆应排列整齐，不拧绞，尽量减少交叉，交叉处粗线在下、细线在上，不同电压的线缆应分类绑扎；管内穿入多根线缆时，线缆之间无相互拧绞，管内没有接头。	现场检查复核。
		4. 视频控制箱至通信机房间接入视频光纤应按主、备配置，预留应急光纤便于故障处理。	
		5. 室外视频控制箱线缆引入机房时应采用钢管防护，在季节性冻土地段防护管采用 HDPE 管防护。	
		6. 杆体、摄像机及设备箱等设备应采取接地措施，接地电阻不小于 4 Ω，困难情况下不小于 10 Ω。杆体距贯通地线 20 m 范围内，其接地装置应接入铁路贯通地线。	
箱盒安装	箱盒	1. 路基地段箱盒安装条件：路基或桥面平面高度已确定。	现场检查复核。
		2. 桥梁、隧道地段箱盒安装条件：桥梁防护墙或隧道电缆槽施工完毕。	
		3. 调谐区设备及标志牌测量安装条件：线路里程标已确定，接触网杆已安装。	
		4. 防护墙、电缆槽达到规定标准。	

4. 站房综合防雷及通信设备用房的屏蔽系统建设工程已由建设单位组织房建、监理等单位检查预验，并已提供一份预验合格资料（含图纸、测试资料、隐蔽工程影像资料等）给设备维护接管单位。

5. 设备用房的室内设备工作环境（包括温度、湿度、照明等）符合设计及相关标准的要求。

（二）室外设备安装条件

1. 施工地段的结合部工程（如贯通地线、光电缆沟槽、过轨管线铺设等）已由建设单位组织站前站后施工、监理和设备维护接管单位进行了前期初验，并形成了验收纪要，存在的问题得到了整改。

2. 线路引下双径路（沟槽或引下钢槽）已经具备并安装牢固。机房外部双光电缆引入井及引入机房管孔已经完成且尺寸符合要求。

（三）设备进场条件

1. 根据国铁集团四电设备上道管理和抽验的要求，通信相关设备必须在完成单机检测后方可进场安装。

2. 设备运至现场时，由施工单位通知监理、设备维护接管单位到场共同查验相关抽检报告，并对运达设备的有关技术资料、图纸、说明书以及随运的工器具和备件进行登记造册，移交设备维护接管单位并办理移交手续。施工单位需使用时另行向设备维护接管单位办理领用或借用手续。

以上通信工程施工进点条件，应由建设单位组织，站前站后施工、监理、设备维护接管单位共同确认。

六、结合部问题

介入人员要根据实际工程进度，重点关注专业工程间结合部，联合施工单位、监理及其他专业介入人员开展结合部检查，提前发现并消除结合部问题。

（一）通信专业与信号专业

通信专业为信号专业提供列控系统用光纤、CTC 系统用传输系统 2M 或 FE 接口、信号集中监测系统用传输系统 2M 接口。

1. 车站。光纤：干线光缆在通信机械室 ODF 架上直接熔接（不成端），提供室内光缆至信号机械室 ODF 架。2M 线缆：通信专业在信号机房设置 2 套传输系统，由这 2 套传输系统布放 2M 线缆至信号 CTC 机柜，由信号专业指定安装位置及 2M 线缆布放位置。信号集中监测光缆由信号专业提供光缆成端位置。

2. 信号中继站。干线光缆分歧引入信号中继站，在通信 ODF 架上直接熔接（不成端），提供室内光缆至信号机械室 ODF 架。信号集中监测光缆由信号专业提供光缆戉端位置。

3. 至信号机房列控系统光纤、CTC 系统 2M 线缆应利用不同径路分别布放。承载联锁、CTC 远程控制业务的光缆先引入通信机械室。

4. 与行车相关的各通信子系统，具备信号安全数据网通信条件。GSM-R 电磁环境干扰清频、频率申请、初步网优工作满足列控及 CTC 系统调试条件。

（二）通信专业与电力专业

1. 各车站、线路所、区间基站、光纤直放站、信号中继站、电力配电所、综合工区/车间、公安派出所（含警务区）等传输节点均由电力专业提供二路电源至通信机房，并设置双电源配电箱。配电箱出线端至通信设备由通信专业负责。

2. 电力专业在各通信机械室预留综合接地引接端子，包括室外接地汇集线、工作及保护接地汇集线。通信专业负责室内接地汇集箱的安装，及接地端子（铜排）与电力专业预留综合接地引接端子铜螺栓双螺帽栓接。

（三）通信专业与工务专业

1. 桥、隧、路基地段，同一区间的光电缆槽及衔接部分的过渡槽道应同步贯通，盖板同步到位。

2. 室外桥、隧、路基地段，经过手孔、水沟、边坡到设备房光电缆井的槽道、管道应贯通，并在路基、护坡形成前完成。

3. 桥、隧（路）及区间和车站的结合部要考虑光电缆过渡路径并考虑光电缆弯曲半径。

4. 室外桥面、路基、隧道地段通信设备用综合接地端子预留在电缆槽壁上，并有明显标识。

5. 箱梁光电缆引下的锯齿孔、箱梁和桥墩上，预留的光电缆槽用爬架滑道齐全。

6. 桥梁光电缆上桥预留光电缆桥架和过轨管线按设计要求施工完毕，预埋、留件经站后监理和施工单位确认。

7. 隧道口处电力电缆槽与通信信号光电缆槽必须隔开。隧道地段综合接地采用后置锚栓固定形式。

8. 中继站基础、接地网综合接地端子，应预留在基础侧壁上。

9. 基站、直放站接地网综合接地端子，应做好预留。

10. 综合接地完成后，设置位置和接地阻值符合设计要求，并经站前站后的监理和施工单位共同签字验收。

11. 桥梁预留锚栓、滑道按设计位置、规格与路基施工同步完成，按照设计要求全部验收完毕。

（四）通信专业与房建专业

1. 接地端子与房建同步形成，网格地线与基础同步建成。预留锚栓、滑道。

2. 中继站、基站、直放站光电缆井（通信引入间）预留的引入口必须与电力电缆引入口分开，光电缆井排水良好。

3. 车站站台光电缆槽及至机械室光电缆间的引入槽道（或防护钢管）应同步形成。

4. 边坡到设备房光电缆井的槽道、管道应贯通，并在路基、护坡形成前完成。

5. 室内设备安装前，设备用房的门、窗、吊顶、静电地板、防雷地线等附属工程完成。

6. 室内沟槽管线预留规格、位置准确。

7. 室内设备安装具备施工电源和试验电源。

（五）通信专业与灾害监测系统

灾害监测系统包括监控单元（含专用配电箱）及配套网络设备、现场采集设备至监控单元之间的光缆或电缆、灾害监测系统专用配电箱、通信段监测维护终端。

灾害监测系统维护管理分界如下：

1. 通信专业和工务专业的分界点

风、雨、雪、异物现场采集设备与监控单元间：现场轨旁控制箱外电缆进线端100 mm处为界，该点往轨旁控制箱侧由工务专业负责维护；往监控单元侧由通信专业负责维护。

风、雨、雪、异物现场以采集设备的现场控制器引出线接线端子为分界，接线端子（含）向现场采集设备侧设备由工务专业负责维护管理；接线端子（不含）至监控单元侧设备由通信部门负责维护管理。

地震现场采集设备与监控单元间：地震仪外罩外电缆进线端100 mm处为界，该点往外罩侧由工务专业负责维护；往监控单元侧由通信专业负责维护。

工务段监测维护终端：以通信专业提供的广域网第一处网络接口为分界点，该点往监测维护终端设备侧（含局域网）由工务专业负责维护，往通信设备侧由通信专业负责维护。

2. 通信专业和信息专业的分界点

集团公司中心系统（包括按线建设的灾害监测系统监控数据处理设备）及调度所（行车、工务调度）监控终端：以通信专业提供的广域网第一处网络接口为分界点，该点往监控数据处理设备或监控终端设备侧（含局域网，不含协议转换器）由信息专业负责维护，往通信设备侧（含协议转换器）由通信专业负责维护。

调度所信息托管机房内网络汇聚交换机、局域网协议转换器、传输网络、防火墙、网络接入交换机等，监控数据处理设备和灾害监测系统终端主机、显示器、键盘鼠标、网络设备等，应急指挥调度台复示终端，大厅配线间内网络接入交换机等设备由信息专业负责维护。

3. 通信专业和信号专业的分界点

电务部门信号专业和通信专业的分界点（监控单元与信号机械室、信号中继站间）：以通信基站、牵引变电所或分区所监控单元内配线端子以外 100 mm 处为界，该点往监控单元侧由通信专业负责维护，往信号机械室、信号中继站侧由信号专业负责维护。

以通信基站监控单元信号电缆输出端子为分界点，该端子（含）向监控单元侧设备由通信专业负责维护管理；向信号中继站侧设备信号专业负责维护管理。

4. 通信专业和供电专业的分界点

监控单元：以监控单元内第一开关箱上桩头 100 mm 处为分界点。该点往监控单元侧由通信专业负责维护，往电源设备侧由供电专业负责维护。

牵引变电所或分区所：灾害监测系统设置专用配电箱或防雷箱的，以配电箱上桩头 100 mm 处为分界点，该点往监控单元侧由通信专业负责维护，往电源设备侧由供电专业负责维护。灾害监测系统未设置专用配电箱或防雷箱的，以电源屏空气开关下桩头 100 mm 处为分界点，该点往监控单元侧由通信专业负责维护，往电源设备侧由供电专业负责维护。

牵引变电所内监控单元与保护控制屏：以牵引变电保护屏端子排接入电缆下 100 mm 处为分界点，该点往监控单元侧设备由通信专业负责维护，往保护控制屏侧设备由供电专业负责维护。

七、档案资料

施工阶段设备维护接管单位需建立以下档案资料：

1. 验收依据编制成册（国家标准、铁道行业标准、国铁集团规章等图书类资料整理备用，施工图纸另行存档）。

2. 施工单位检查评定记录和监理单位验收记录、质量检验报告、合格证，以及进场检验时的检查记录和配送清单等复存并整理成册。

3. 设备器材入所检测、测试记录。

4. 建设单位组织结合部工程前期检查确认记录（会议纪要或记录、问题单、确认单等）。

5. 工程配合工作中形成的有关文件、电报、协议、合同、会议纪要以及影像资料（如照片、录像等）。

6. 各施工地段过程抽查检验记录表。

7. 工程配合工作中发现问题的提出、解决记录（动态问题库等）。

第五章

各阶段问题管理

第一节 可研、初设、施工图设计审查意见管理

对可研、初设、施工图设计审查意见管理流程如图5-1所示。

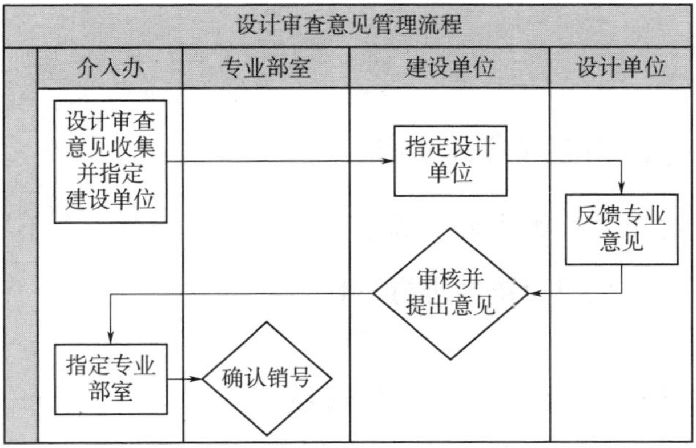

图5-1 设计审查意见管理流程

一、设计审查意见收集

介入办收集整理各专业部室对项目的设计审查意见，内容包括项目、系统、问题描述、相关依据、修改建议，并将之分发给相关建设单位。

二、设计审查意见分发

建设单位将意见分发给相关设计单位进行反馈，并明确反馈时限。

三、设计审查意见反馈

设计单位在规定时限内针对提出意见进行落实反馈。

四、反馈内容审核

建设单位审核反馈内容，提出审核意见。若建设单位对反馈内容不同意，需根据建议修改内容由设计单位重新修改反馈内容。

五、反馈内容介入办确认

介入办审核反馈内容，提出审核意见。若介入办不同意反馈内容，需要建设单位重新进行审核。

六、反馈内容专业部室确认

专业部室同意反馈内容则整体流程结束。若专业部室不同意反馈内容，需要建设单位重新进行审核。

第二节　工程实施阶段

一、集团公司优化管理

集团公司的优化管理属于设计变更类问题。主要对可行性研究、初步设计、施工图审查阶段没有落实的意见及设计优化进行管理，优化管理流程如图 5-2 所示。

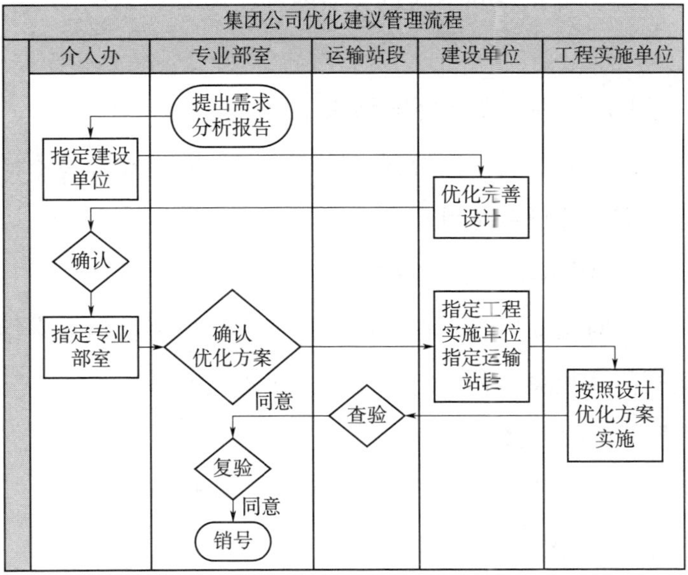

图 5-2　集团公司优化管理流程

专业部室整理采集集团公司优化建议，形成需求分析报告，内容包括项目、系统、问题描述、相关依据。

（一）介入办整理分发

介入办确认整理分发给建设单位。

（二）优化建议反馈

建设单位针对优化建议，在规定时限内完成优化设计方案。

（三）反馈内容审核

建设单位审核反馈内容，提出审核意见。若建设单位不同意反馈内容，设计单位需要重新填写反馈。

（四）反馈内容介入办确认

介入办确认反馈内容，提出审核意见，转发对应专业部室确认反馈内容。若介入办不同意反馈内容，需要建设单位重新进行审核。

（五）反馈内容专业部室确认

专业部室同意反馈内容提出审核意见。若专业部室不同意反馈内容，需要建设单位重新进行审核。

（六）建设单位指派施工单位

各单位对反馈内容审核通过后，建设单位将反馈分发给涉及的运输站段及相关工程实施单位并明确落实时限。

（七）反馈内容落实

工程实施单位落实反馈内容，确认完成情况。

（八）落实情况查验

运输站段查验反馈的落实情况，提出审核意见。若运输站段对落实情况不同意，工程实施单位需要重新填写确认完成情况。

（九）落实情况复验

专业部室复验反馈的落实情况，提出审核意见，流程结束。

若专业部室对落实情况不同意，工程实施单位需要重新填写确认完成情况。

二、建设单位自主优化意见管理

建设单位优化意见属于设计变更类问题。凡建设单位自主组织纳入施工图的优化设计类，宜组织专业部室（运输站段）参与审查，管理流程如图 5-3 所示。

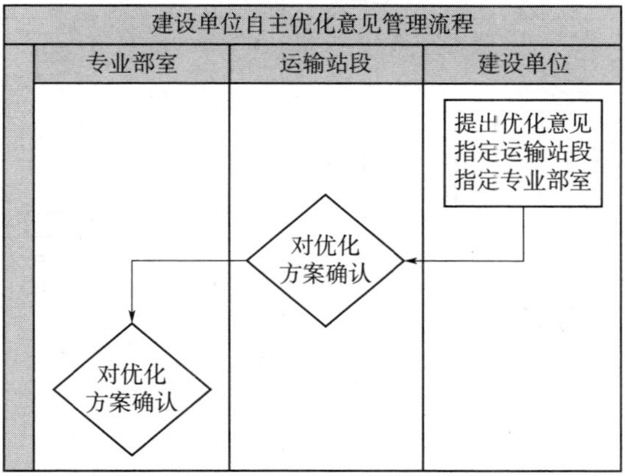

图 5-3　建设单位自主优化意见管理流程

（一）优化意见采集

建设单位采集意见，内容包括项目、系统、提出日期、地点、内容描述、相关依据、优化需求意见，涉及的运输站段和专业部室。

（二）站段确认

运输站段确认优化意见，提出审核意见。

（三）专业部室确认

专业部室确认优化意见，提出审核意见。

若运输站段、专业部室不同意，建设单位需要重新编写优化意见。

三、专项审查意见管理

专项审查意见属于设计变更类问题。本模块管理建设单位组织的各类审查会审查意见，管理流程如图 5-4 所示。

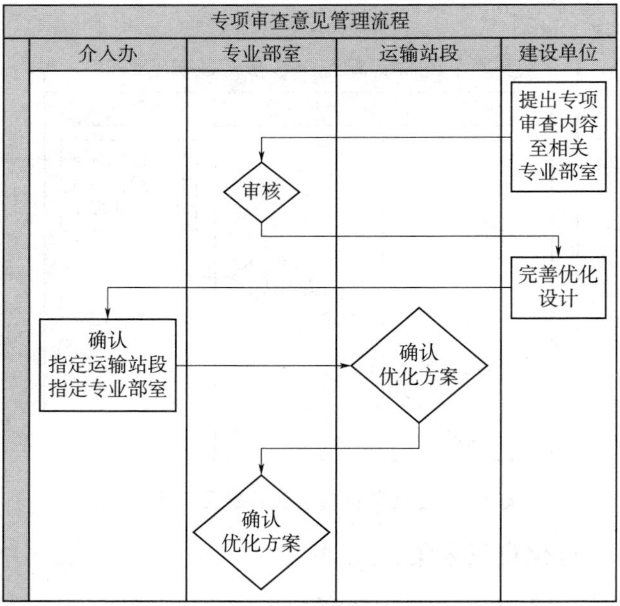

图 5-4　专项审查意见管理流程

（一）专项审查意见

建设单位提出专项审查意见，内容包括项目、系统、日期、地点、内容描述、相关依据、优化意见、报给专业部室审核。

（二）专业部室审查意见反馈

专业部室针对优化建议进行审核。

（三）建设单位完善优化设计

建设单位根据专业部室反馈内容，完善优化设计，完成后报介入办。

（四）介入办确认反馈内容

介入办确认反馈内容，提出审核意见，转发对应专业部室确认反馈内容。

（五）运输站段确认反馈内容

运输站段确认反馈内容，提出审核意见。

（六）专业部室确认反馈内容

专业部室确认反馈内容，提出审核意见，流程结束。

四、工程质量问题管理

现场介入工作小组在现场检查中发现工程质量问题后，督促施工单位及时整改。对于商讨决定的重点工程质量问题，进行标注。发现的质量问题中，影响行车及人身安全、影响验收通过的问题归为A级问题，除此之外，需要在项目开通前解决的问题归为B级问题。工程质量问题管理流程如图5-5所示。

（一）介入问题采集

现场介入工作小组针对工程项目中发现的工程质量问题进行采集，记录问题所属系统、专业、细分项目、相关依据、是否重点工程质量问题（是/否）、是否需要设计单位参与（是/否，若需要，则需指定设计单位）、检查人、检查时间、项目名称、标段、结构物名称、编号或里程、具体位置描述、问题描述、尺寸、整改方案、整改方案提出时限等信息，并指定涉及的运输站

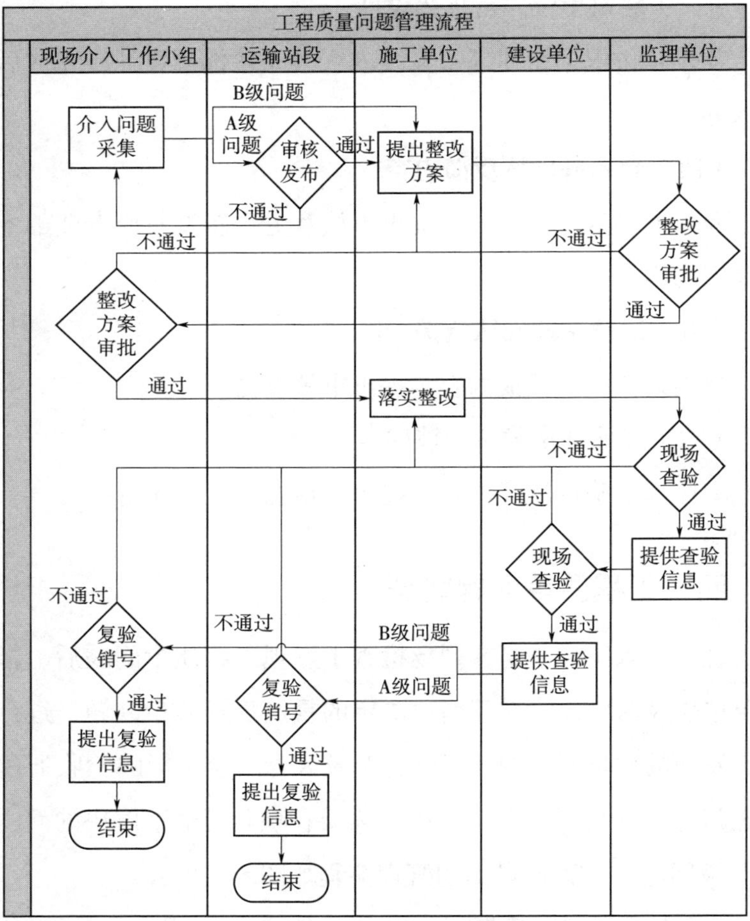

图 5-5　工程质量问题管理流程

段、施工单位、建设单位、监理单位。A 级问题送审到站段，B 级问题直接发布。

（二）问题审核发布

站段对送审的 A 级问题进行审核，若该问题需要设计单位参与，审核通过后，分发到设计单位提出整改意见；若该问题不需要设计单位参与，审核通过后，直接提出至施工单位，由施工单位提出整改方案。审核不通过时，退回现场介入工作小组进行修改。

（三）提出整改意见

对于需要设计单位参与的工程质量问题，设计单位需要提出整改意见，作为施工单位提出整改方案时的依据。

（四）提出整改方案

施工单位对发布到本单位的A级、B级问题，在规定时限内提交整改方案。该问题需要设计单位参与时，施工单位制定整改方案时需参考设计单位的整改意见。

（五）整改方案监理单位审批

监理单位审批施工单位提交的整改方案，审批通过后，转入现场介入工作小组。审批不通过时，施工单位需重新提交整改方案。

（六）整改方案现场介入工作小组审批

现场介入工作小组审批施工单位提交的整改方案，审批通过时明确整改实施期限，转入施工单位整改。审批不通过时，施工单位需重新提交整改方案。

（七）施工单位整改

在整改实施时限内，施工单位按整改方案实施整改，并记录整改日期、整改情况等信息。

（八）监理单位现场查验

监理单位现场查验施工单位的整改情况，查验通过后，记录查验日期、查验人、查验结论等信息。查验不通过时，退回施工单位重新整改。

（九）建设单位现场查验

建设单位现场查验施工单位的整改情况，查验通过后，记录查验日期、查验人、查验结论等信息。查验不通过时，退回施工单位重新整改。

（十）复验销号

监理单位、建设单位查验通过后，运输站段、现场介入工作小组进行复验销号。

运输站段对 A 类问题的整改情况进行现场复验，并记录复验日期、复验人、复验结论等信息，复验通过销号完成。复验不通过时，施工单位需重新进行整改。

现场介入工作小组对 B 类问题的整改情况进行现场复验，并记录复验日期、复验人、复验结论等信息，复验通过销号完成。复验不通过时，施工单位需重新进行整改。

第六章

介入工作总结

第一节 综　　述

提前介入工作总结，是向上级部门和领导展示工作情况、反映存在问题、寻求工作支持的应用文体，高质量的工作总结，是提高介入工作效率，进一步提升介入工作和管理质量的有效手段。其主要内容包括：通过定期或不定期对一个阶段的提前介入工作进行回顾和分析，总结好的做法和存在问题，提出整改措施方案和有关工作意见，制定下一阶段工作计划和安排，需要上级部门或领导协调解决的事项等。

第二节 工 作 流 程

介入工作流程如图 6-1 所示。

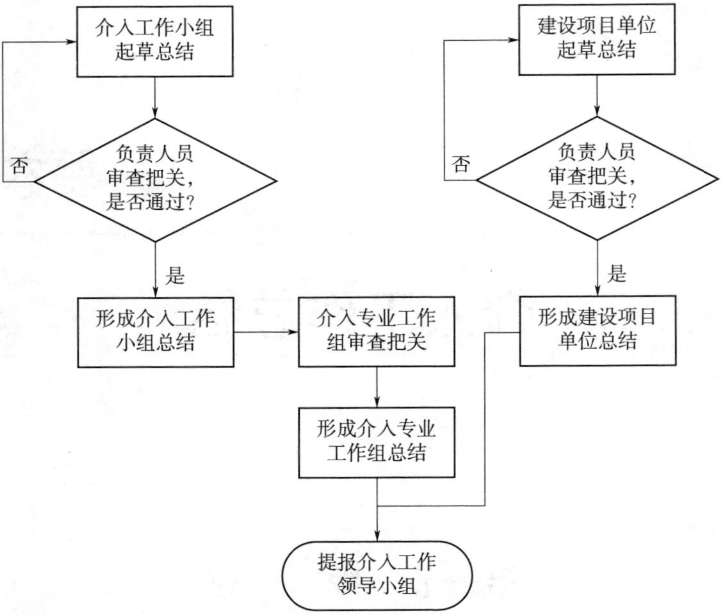

图 6-1　介入工作流程

第三节　工作小组总结

1. 工作概况。包括近一阶段提前介入工作基本情况，重点工作和取得效果的概述。

2. 提前介入工作开展情况。

工程设计阶段，包括参加设计方案和设计变更方案审查、设计技术交底、与建设和设计单位对接等情况，发现的主要问题，提出的意见等。

施工图阶段，包括参加施工方案审查、施工技术交底、与建设和施工单位对接等情况，发现的主要问题，提出的意见等。

工程实施阶段，包括提前介入现场介入人员投入情况、检查计划和工作量完成情况，发现的主要问题和整改情况等。

3. 介入问题库整改销号情况。包括问题库整改销号统计表；重点问题情况、存在问题和整改落实情况等，并提供必要的附图。

4. 积累的经验和教训。包括工作好的方面和存在问题，原因分析和整改对策等。

5. 重点工作推进落实情况。包括专题会议布置、领导讲话提出、挂牌督办等需要重点推进落实的工作情况。

6. 下一阶段工作计划安排。

7. 需要上级部门协调解决的事项，要讲明问题解决存在难点和方案，并提供必要的附图。

第四节　建设项目管理单位总结

1. 建设项目基本情况。包括线路里程、车站数量等本工程建设信息等。

2. 建设项目进展情况。包括各专业工程进展情况、横道图、百分比，主要施工情况，关键性、结点性、控制性工程情况。

3. 设计变更情况。包括建设、设计、施工单位提出并采纳的设计变更情况；运营单位提出的设计变更需求采纳情况。

4. 针对提前介入工作的有关意见。

5. 重点工作推进落实情况。包括专题会议布置、领导讲话提出、挂牌督办等需要重点推进落实的工作情况。

6. 下一阶段工作计划安排。

7. 需要上级部门协调解决的事项，提供必要的附图。

第五节　专业工作组总结

1. 工作概况。包括近一阶段提前介入工作基本情况，重点工作和取得效果的概述；问题库整改销号统计表。

2. 提前介入管理情况。包括参加设计方案和设计变更方案审查、施工方案审查情况，与建设、设计、施工等单位对接情况。

3. 重点介入问题整改销号情况。包括重点问题情况、存在问题和整改落实情况等，并提供必要的附图。

4. 好的方面和存在问题。包括检查工程现场、检查介入小组工作开展情况，发现的好的方面和存在问题，提出的整改要求等。

5. 重点工作推进落实情况。包括专题会议布置、领导讲话提出、挂牌督办等需要重点推进落实的工作情况。

6. 下一阶段重点工作安排。

7. 需要介入办或集团公司领导协调解决的事项，要讲明问题解决存在难点和方案，并提供必要的附图。